Finanzplaner Frauen

Isabell Pohlmann

Finanzplaner Frauen

Sorgenfrei, sicher und unabhängig
durch alle Lebensphasen

Stiftung Warentest

Inhaltsverzeichnis

48
Zur Not schaffe ich es auch allein

124
Investmentfonds als Chance? Geldanlage in Zeiten niedriger Zinsen

97
Vollzeit, Teilzeit Auszeit: So wirkt sich Ihre Arbeitszeit auf die Rente aus

18

Nutzen Sie Ihre finanziellen Spielräume: als berufstätiger Single, als Mutter in Familienzeit, als Berufsrückkehrerin

77

Runter mit Lohnsteuer und Sozialabgaben – dann bleibt mehr am Monatsende

138

Ohne Schutz geht es nicht. Die wichtigsten Versicherungen im Überblick

Was wollen Sie wissen?

Kümmern Sie sich selbst um Ihre Geldanlagen, Ihre Versicherungen und Ihre Steuererklärung? Oder übernimmt Ihr Partner das? Klar, das ist bequem, doch ob alleinstehend oder in einer glücklichen Beziehung: Behalten auch Sie den Überblick über Budget, Erspartes und Rentenansprüche.

Ein Finanzratgeber nur für Frauen, ist das nötig?

Ja! Zwar gelten viele der vorgestellten Tipps zu Geldanlage, Steuerklassenwahl oder Versicherungsschutz für Frauen und Männer. Doch es gibt einen gravierenden Unterschied: Die finanzielle Startposition vieler Frauen ist meist eine ganz andere. Das fängt oft schon beim ersten Gehalt an: Gerade in manchen typischen Frauenberufen wird deutlich weniger gezahlt als in anderen Branchen (siehe „30 Sekunden Fakten", S. 60).

Mit dem ersten Kind geht die Finanzschere dann oft weiter auseinander: Häufig nimmt die Mutter eine längere berufliche Auszeit und kehrt dann per Teilzeit in den Job zurück. Zwar nehmen oft auch Väter Elternzeit, doch sie steigen früher wieder in den Vollzeitjob ein.

Diese Unterschiede greift der Ratgeber auf. Er wird unter anderem zeigen, warum gerade Frauen in Sachen privater Vorsorge fürs Alter besonders gefordert sind, warum sich für sie häufig die viel gescholtene Riester-Rente doch lohnen kann, wie sie aus Ihrem (Teilzeit)-Gehalt netto mehr herausholen und wie sie es finanziell auch aus eigener Kraft schaffen können.

Mein Freund und ich wollen eine Familie gründen. Wie regeln wir die Finanzen?

Ein wichtiger Schritt ist, dass Sie vorab überlegen, wie viel berufliche Auszeit und wie viel Teilzeit Sie sich leisten können. Wie lassen sich Ihre persönlichen Wünsche zur Auszeit und beruflichen Zukunft mit dem Familienbudget vereinbaren? Mit welchen Einnahmen können Sie rechnen? Diesen Finanzcheck sollten Sie machen, ehe Sie Ihrem Arbeitgeber mitteilen, wann und wie es nach der Geburt eines Kindes beruflich für Sie weitergehen soll. Mehr Tipps zur Budgetplanung für Frauen mit junger Familie finden Sie in der Grafik auf S. 24/25.

In dem Kapitel „Einkommen erhöhen" ab S. 59 stellen wir die arbeitsrechtlichen Bedingungen für Ihre Rückkehr in den Job vor, etwa zum Recht auf Teilzeit und zum Wieder-Aufstocken von Stunden. Auch auf die staatlichen Leistungen wie Elterngeld und Elterngeld Plus gehen wir in diesem Kapitel ein.

Ich möchte mein Gehalt aufbessern. Was tun?

Was sagt Ihr Arbeitgeber? Gibt es eine Chance auf Gehaltserhöhung? Mehr zu den rechtlichen Bedingungen für Gehaltsverhandlungen lesen Sie im Interview „Chef, wir müssen reden", S. 62.

Klappt es nicht mit mehr Gehalt, prüfen Sie die Möglichkeiten, aus Ihrem bisherigen Bruttogehalt netto mehr herauszuholen, etwa durch einen Wechsel der Krankenkasse oder indem Sie die monatlich zu zahlende Lohnsteuer drücken: Vielleicht können Sie sich Freibeträge in Ihre Steuerdaten eintragen lassen, etwa für die Ausgaben für Ihren Arbeitsweg („Gute Karten beim Finanzamt", S. 82). So bleibt gleich mehr netto, und Sie müssen nicht bis zur Steuererklärung auf Ihr Geld vom Fiskus warten.

Ich verdiene gut und habe 25 000 Euro gespart. Wie lege ich das Geld jetzt an?

Das kommt unter anderem auf Ihre weiteren Pläne an. Wenn Sie zum Beispiel davon ausgehen, dass Sie das Geld auf längere Sicht – am besten mindestens 10 bis 15 Jahre – nicht benötigen, können Sie es beispielsweise in ETF investieren („Vorteile mit ETF", S. 125). Das sind börsengehandelte Indexfonds. Wenn Sie hingegen damit rechnen, schon in wenigen Jahren eine größere Summe zu benötigen, etwa als Eigenkapital für eine Immobilie, sollten Sie mehr auf Sicherheit und Flexibilität achten. Für die Anlage eignen sich dann – trotz der derzeit niedrigen Zinsen – zum Beispiel Festgeldkonten.

Der Zeithorizont ist ein entscheidender Faktor für Ihre weitere Geldanlage. Worauf Sie noch achten sollten, lesen Sie unter „Erfolgreich sparen" ab S. 117.

Zusätzliche Vorsorge ist wichtig, heißt es immer. Aber wie soll ich das im Moment am besten machen?

Prüfen Sie zunächst, ob eine staatlich geförderte Altersvorsorge infrage kommt. Als Angestellte fragen Sie zum Beispiel Ihren Arbeitgeber nach den Möglichkeiten für eine Betriebsrente. Damit sparen Sie fürs Alter, und Sie sparen im Berufsleben Steuern und Sozialabgaben. Investieren Sie schon in eine Betriebsrente, überlegen Sie, ob Sie mehr einzahlen: Seit 2018 sind die Spielräume hier deutlich größer als früher.

Mit Kindern wird auch die viel gescholtene Riester-Rente als Vorsorge interessant: Dank der staatlichen Zulagen lohnt sie sich vor allem für Mütter. Mehr zu den Möglichkeiten für die Vorsorge lesen Sie ab S. 104 unter „Vorsorge mit staatlicher Hilfe".

Sie sind 50 oder älter? Welche Chancen Ihnen dann freiwillige Beiträge an die gesetzliche Rentenkasse bieten und wann sie möglich sind, lesen Sie ab S. 111.

Mein Ex zahlt keinen Unterhalt für die Kinder. Was kann ich tun?

Wenn der Kindsunterhalt nicht oder nur sporadisch gezahlt wird, haben Sie Anspruch auf den „Unterhaltsvorschuss", den Sie im Regelfall beim Jugendamt beantragen. Er liegt monatlich derzeit bei 154 Euro für Kinder bis unter 6 Jahre. Ab dem sechsten Geburtstag sind es 205 und ab dem zwölften 273 Euro. Wenn Sie Hartz-IV-Leistungen beziehen, ist das Jobcenter Ihr Ansprechpartner für den Unterhaltsvorschuss.

Nutzen Sie die Beratungsangebote beim Jugendamt. Auch die Wohlfahrtsverbände beraten: Passende Einrichtungen finden Sie mithilfe des „Beratungsführers" unter www.dajeb.de. In den Beratungsstellen sollten Sie auch mehr über mögliche weitere Förderungen erfahren.

Worauf Sie als Alleinerziehende beim Finanzamt achten sollten, stellen wir vor unter „Steuerklasse II: Nur für Alleinerziehende", S. 88.

Wir sind glücklich ohne Trauschein. Was bringt es, wenn wir doch heiraten?

Sie haben die Chance auf einen enormen steuerlichen Vorteil. Ehepaare und eingetragene Lebenspartner können dank des „Splittingtarifs" viele Steuern sparen. Wie das funktioniert, lesen Sie ab S. 86: „Vorteil durch Ehegattensplitting".

Hinzu kommt: Rechtlich haben Sie als Ehefrau etwas mehr Sicherheit im Fall der Trennung oder wenn Ihr Partner stirbt. Als Exehefrau haben Sie zum Beispiel Anspruch auf den Versorgungsausgleich, als Exfreundin nicht. Mehr zur rechtlichen Absicherung erfahren Sie unter „Abgesichert, falls die Liebe scheitert" ab S. 48. Im Anschluss lesen Sie auch, warum ein Ehevertrag den schlechten Ruf nicht verdient hat, wie oft behauptet.

Ich bin frisch geschieden. Was muss ich alles erledigen?

Auch wenn Themen wie Unterhalt und Versorgungsausgleich geklärt sind, bleiben doch noch einige organisatorische Aufgaben rund um die Finanzen. Prüfen Sie zum Beispiel Ihren Versicherungsbestand. Welche Verträge haben Sie selbst, welche fehlen? Lief bisher die gemeinsame Privathaftpflichtversicherung auf Ihren Expartner, sollten Sie rasch einen eigenen neuen Vertrag abschließen. Welche Versicherungen für Sie wichtig und sinnvoll sind, zeigt der „Versicherungscheck" auf S. 138.

Und Vorsicht: Wenn Sie Ihren Expartner als Bezugsberechtigten in einer Risikolebensversicherung angegeben haben, sollten Sie überlegen, wer künftig im Ernstfall die Leistungen aus dem Vertrag bekommen soll. Ähnlich ist es bei anderen Dokumenten: Klären Sie zum Beispiel, ob die bestehende Vorsorgevollmacht oder eine Betreuungsverfügung noch zu Ihrer aktuellen Situation passt. Tipps zum Erstellen dieser Formulare finden Sie unter „Mehr Klarheit für mich und meine Angehörigen" ab S. 52.

Ich will meine Kinder für den Notfall absichern. Wie mache ich das am besten?

Wichtig ist, dass Ihre Kinder finanziell abgesichert sind, falls Ihnen und/oder Ihrem Partner etwas zustößt. Schutz für diesen Fall bietet eine Risikolebensversicherung (siehe S. 147, „Schutz für meine Angehörigen"). Rechtliche Klarheit schaffen Sie mit einer Sorgerechtsverfügung. Hier können Sie festlegen, wer im Ernstfall die Vormundschaft für Ihren Nachwuchs übernehmen soll – und wer nicht. Wichtig ist darüber hinaus eine Vorsorgevollmacht. Mit ihr können Sie eine vertraute Person, zum Beispiel Ihren Ehepartner, einsetzen, damit er in Ihrem Namen Entscheidungen für Sie trifft, etwa zur weiteren medizinischen Behandlung. Weitere Tipps, um „rechtliche Klarheit" zu schaffen, lesen Sie ab S. 52.

Mein Freund zieht zu mir und meiner Tochter. Was ändert sich – rechtlich und finanziell?

Wenn Sie nun wieder mit einem Partner einen Haushalt führen, lässt sich sicher einiges sparen, etwa bei Alltagsausgaben oder auch beim Versicherungsschutz. Von doppelten Verträgen können Sie sich trennen.

Hinsichtlich des Unterhalts für Ihre Tochter ändert sich nichts. Der leibliche Vater ist weiter zur Zahlung verpflichtet, auch wenn Sie nun mit einem neuen Partner zusammenleben.

In rechtlicher Hinsicht ist die entscheidende Frage: Haben Sie das alleinige Sorgerecht für Ihr Kind oder teilen Sie es sich mit dem leiblichen Kindsvater? Wenn Sie das gemeinsame Sorgerecht haben, entscheiden Sie und der Vater Ihres Kindes weiterhin in wichtigen Fragen gemeinsam, zum Beispiel wenn es um die Eröffnung eines Kontos oder eine wichtige Operation geht. In Alltagsfragen, etwa zum Fernsehkonsum, dürfen Sie allein entscheiden.

Wer als Stiefelternteil mit dem Kind zusammenlebt, hat keine Entscheidungsbefugnisse, es sei denn, ihm oder ihr liegt eine Vollmacht von beiden leiblichen Elternteilen vor. Dann bekommen Stiefvater oder Stiefmutter Erziehungs- und Mitspracherechte.

Haben hingegen Sie als Mutter das alleinige Sorgerecht, kann Ihr neuer Partner bei alltäglichen Fragen mitentscheiden, wenn Sie damit einverstanden sind. Mehr zu diesen und anderen Fragen in Patchwork-Familien lesen Sie ab S. 48 im Abschnitt „Abgesichert, falls die Liebe scheitert".

Meine Situation – mein Plan

Frauen verdienen im Schnitt weniger als Männer, nehmen die längeren beruflichen Auszeiten, arbeiten öfter Teilzeit: Gerade dann ist es wichtig, finanzielle Chancen zu kennen. Und auch wenn Sie eine Vollzeitstelle mit passendem Gehalt haben: Ein regelmäßiger Finanzcheck zahlt sich aus.

Können Sie sich vorstellen, Ihren Partner um Erlaubnis zu fragen, wenn Sie ein Konto eröffnen oder arbeiten gehen wollen?

Heute ist es in Deutschland selbstverständlich, dass Frauen diese Entscheidungen alleine treffen und finanziell unabhängig sein können. Doch allzu lange ist es noch nicht her, als die rechtliche Lage ganz anders aussah: So galt noch bis vor etwas mehr als 40 Jahren laut Bürgerlichem Gesetzbuch (BGB), dass eine Frau nur dann arbeiten gehen durfte, soweit dies mit ihren Pflichten in Ehe und Familie zu vereinbaren war. Die Frau war in erster Linie zur Haushaltsführung verpflichtet, der Mann für den finanziellen Unterhalt der Familie zuständig (siehe Kasten „Hätten Sie's gewusst", S. 14).

Die Zeiten, in denen diese gesetzlichen Vorgaben galten, sind zum Glück vorbei! Mittlerweile stehen viele Frauen fest im Berufsleben und finanziell auf eigenen Füßen!

Dennoch: Im Vergleich zu vielen Männern haben längst nicht alle Frauen die gleichen finanziellen Möglichkeiten. Deutliche Unterschiede zeigen sich zum Beispiel beim Blick auf das Einkommen aus eigener Arbeit: Im Jahr 2016 lag der Verdienst von Frauen rund 21 Prozent niedriger als der von Männern. Während Frauen im Schnitt 16,26 Euro brutto pro Stunde verdienten, kamen Männer auf 20,71 Euro in der Stunde, so das

HÄTTEN SIE'S GEWUSST?

Bei der Wahl der verfassungsgebenden Nationalversammlung am 19. Januar 1919 konnten Frauen in Deutschland erstmals reichsweit wählen oder gewählt werden.

Vor Inkrafttreten des Gleichberechtigungsgesetzes im Juli 1958 durften Frauen in der Bundesrepublik nicht ohne die Zustimmung des Mannes ein Konto eröffnen und nicht gegen seinen Willen arbeiten gehen. Das war dank des neuen Gesetzes zwar erlaubt, aber nur mit Einschränkung: Frauen seien nur dann berechtigt, erwerbstätig zu sein, „soweit dies mit ihren Pflichten in Ehe und Familie vereinbar ist".

Erst seit 1977 heißt es im Bürgerlichen Gesetzbuch (BGB): „Die Ehegatten regeln die Haushaltsführung in gegenseitigem Einvernehmen." Und: „Beide Ehegatten sind berechtigt, erwerbstätig zu sein."

Quelle: BGB, www.bundestag.de/Dokumente/Textarchiv

Statistische Bundesamt. Dieser Vergleich bezieht sich auf sämtliche Branchen und Berufe. Doch selbst wenn man die Verdienste von Frauen und Männern in vergleichbarer Position gegenüberstellt, bleiben die Frauen mit ihrem Gehalt um 6 Prozent hinter den Männern zurück.

Mit der Geburt eines Kindes geht die Einkommensschere zwischen den Geschlechtern häufig noch weiter auseinander. Denn dann sind es immer noch meist die Frauen, die die längere berufliche Auszeit nehmen, wie Zahlen des Statistischen Bundesamtes bestätigen: Zum Beispiel erhielten Frauen in den vergangenen Jahren im Schnitt für gut elf Monate Elterngeld als Ausgleich für ihr entgangenes Gehalt nach der Geburt, Männer nur für gut drei Monate. Nach der Auszeit kehren häufig die Frauen mit weniger Arbeitsstunden in das Berufsleben zurück: Etwa zwei Drittel der berufstätigen Mütter minderjähriger Kinder arbeiten Teilzeit, bei den berufstätigen Vätern sind es etwa 6 Prozent. Weniger Stunden im Betrieb – weniger Geld am Monatsende.

Diese Aus- und Teilzeitphasen haben auch Folgen für die Zukunft. Gut möglich, dass es eine Frau, die nicht Vollzeit im Büro ist, schwerer hat, die nächsten Karrierestufen zu erklimmen. Damit einhergehende Gehaltssteigerungen ziehen dann an ihr vorbei. Ein weiterer Nachteil liegt in der ferneren Zukunft. Denn sicher ist, dass ein niedriger Verdienst heute im Ruhestand zu einer niedrigen Rente führen wird.

Der Finanzcheck: Wo stehe ich?

Wissen Sie, wie viel Geld Sie monatlich zur Verfügung haben und wie viel Sie ausgeben? Verschaffen Sie sich regelmäßig einen Überblick – zu Einnahmen, Ausgaben und Ersparnissen.

Wo stehen Sie heute beruflich und finanziell? Um Ihre Situation genau einschätzen zu können, verschaffen Sie sich zunächst einen Überblick, zum Beispiel anhand der folgenden Fragen:

- Wie hoch ist Ihr eigenes Bruttoeinkommen und was bleibt davon netto übrig? Würde das Einkommen im Ernstfall reichen, um zum Beispiel nach einer Trennung allein Ihren Lebensunterhalt zu bestreiten?
- Wäre es möglich, mehr zu arbeiten und damit mehr zu verdienen? Hier geht es zum einen um die Voraussetzungen und Chancen am Arbeitsplatz, zum anderen um die organisatorischen Rahmenbedingungen, etwa um die Frage der Kinderbetreuung.
- Wie steht es mit Ihrer Altersvorsorge? Was sagen die Renteninformation und die Standmitteilungen aus anderen Vorsorgeverträgen? Mithilfe eines Rechners der Stiftung Warentest können Sie ermitteln, wie groß Ihre Rentenlücke im Alter etwa sein wird – wie viel Geld Sie also noch durch zusätzliche Vorsorge erwirtschaften müssen, um im Alter finanziell abgesichert zu sein (www.test.de/rentenluecke).
- Welche Ersparnisse haben Sie? Klären Sie nicht nur, wie viel Sie im Moment haben, sondern auch, wie Sie das Geld angelegt haben und wann Sie darauf zugreifen können: Wie ist zum Beispiel die Mischung zwischen sicheren und etwas riskanteren Investments? Wenn Sie das wissen, können Sie weiter entscheiden, ob Sie bei künftigen Investitionen etwas mehr Risiko eingehen können, weil Sie ein ausreichend großes sicheres Polster angespart haben.
- Ist Ihr Versicherungsschutz noch aktuell und ausreichend hoch? Schauen Sie in Ihren Versicherungsordner: Welche Verträge Sie haben sollten und welche Sie kündigen können, erfahren Sie im weiteren Verlauf dieses Buches. Einige Verträge brauchen Sie unbedingt, sodass die Ausgaben dafür nicht für andere Zwecke zur Verfügung stehen, zum Beispiel nicht für den Aufbau einer zusätzlichen Altersvorsorge.

Das Beste aus Ihrer Situation machen

Im besten Fall sind Sie derzeit mit Ihrer beruflichen und auch mit der finanziellen Situation zufrieden. Vielleicht sagen Sie:

„Mir geht es gut, ich bin nur für mich verantwortlich und verdiene genug, um finanziell auf eigenen Füßen zu stehen und mir meine Wünsche zu erfüllen."

Damit sind Sie in einer komfortablen Lage. Trotzdem gibt es für Sie einige finanzielle und rechtliche Themen von Bedeutung, die Sie bereits angegangen sind oder aber angehen sollten. Beispiel Altersvorsorge: Selbst wenn Sie heute gut verdienen, wird die gesetzliche Rente im Alter nicht reichen, um davon Ihren bisherigen Lebensstandard zu erhalten. Als Faustregel gilt: Um den bisherigen Lebensstandard zu halten, sollten Sie im Ruhestand etwa 80 Prozent des letzten Nettogehalts zur Verfügung haben. Allein mit der gesetzlichen Altersrente ist das nicht zu schaffen. Zusätzliche Vorsorge tut also auch in Ihrem Fall not.

Doch wie soll sie gerade in der aktuellen Zeit mit niedrigen Zinsen aussehen: Staatliche Förderung mitnehmen ja oder nein? Risiken bei der Geldanlage eingehen ja oder nein? Das sind nur zwei Fragen, die es zu beantworten gilt und die im weiteren Verlauf dieses Ratgebers aufgegriffen werden.

Die Liste der für Sie relevanten Finanzthemen lässt sich erweitern. Unser Ratgeber hilft Ihnen dabei, unter anderem folgende Fragen zu beantworten:

- Wie können Sie aus Ihrem Bruttogehalt mehr Netto herausholen?
- Welche Möglichkeiten gibt es, um mehr Einkommen zu erzielen, und wie sind die rechtlichen Bedingungen dafür?
- Wie können Sie in der aktuellen Niedrigzinsphase mehr aus Ihrem Geld machen?
- Wie können Sie sich absichern, damit Sie finanziell nicht mit leeren Händen dastehen, wenn Sie etwa aufgrund einer Krankheit nicht mehr arbeitsfähig sind?

Für Frauen in einer festen Partnerschaft und Mütter kommen weitere relevante Themen hinzu. Denn häufig wird ihr Fazit anders ausfallen, wenn sie ihre Situation zusammenfassen, zum Beispiel:

„Ich arbeite Teilzeit und habe das niedrigere Einkommen als mein Partner. Schlimm finde ich das nicht, denn wir sind doch ein Team, er verdient für mich mit, solange ich beruflich ein paar Gänge zurückschalte."

Oder: „Es geht nun mal nicht anders, dass ich weniger arbeite und damit weniger verdiene. Schließlich kann unser Familienleben nur funktionieren, wenn einer von uns beruflich zurücksteckt und sich die Zeit für Kita-Eingewöhnung, Kinderarztbesuche und Elternsprechtage nimmt."

Hier zeigt sich eine Hürde, die viele Frauen mit Familie zu bewältigen haben: Allein organisatorisch ist es nur schwer möglich, zwei Vollzeitjobs der Eltern mit den alltäglichen Aufgaben zu vereinbaren. Kita-

Schließzeiten, fehlende Plätze für die Nachmittagsbetreuung von Grundschülern oder Kinderkrankheiten sind nur einige Hindernisse, die dem entgegenstehen.

Dazu kommt schlicht und einfach der Wunsch vieler Frauen, nicht nur zu arbeiten, sondern genügend Zeit mit den Kindern zu verbringen. Wenn dann auch noch der Partner das höhere Gehalt hat und einen Karriereknick aufgrund der beruflichen Auszeit fürchtet, ist es in vielen Partnerschaften die logische Konsequenz, dass er die Rolle des Hauptverdieners übernimmt und sie mehr Zeit für die Familie aufbringt.

Was tun, wenn der Partner als Hauptverdiener den Job verliert oder wenn die Beziehung doch nicht dauerhaft hält?

An den organisatorischen Rahmenbedingungen – etwa an der Zahl der Arbeitsstunden und an den Möglichkeiten der Kinderbetreuung – lässt sich meist nicht ohne Weiteres etwas ändern. Umso wichtiger ist es dann, dass Sie aus den vorhandenen Bedingungen finanziell das Beste machen und zum Beispiel möglichst viel Netto aus dem Bruttogehalt herausholen, gut mit dem Chef verhandeln, erfolgreich vorsorgen und anlegen.

Dazu gehört aber vor allem, sich für Ernstfälle zu wappnen. Denn leider ist längst nicht sicher, dass es beispielsweise bei der guten Teamarbeit zwischen Ihnen und Ihrem Partner bleibt und er für Sie mit verdient. Was tun, wenn etwa er als Hauptverdiener seinen Job verliert oder wenn die Beziehung doch nicht dauerhaft hält?

Auch um diese Situationen und Fragen wird es in den folgenden Kapiteln gehen:

- Auf welche Leistungen können Sie bauen, wenn Sie von heute auf morgen finanziell allein (ohne Ihren Partner) zurechtkommen müssen?
- Wie können Sie dafür sorgen, dass Sie im Fall einer Trennung finanziell einigermaßen abgesichert sind?
- Wie können Sie sich und Ihre Familie zusätzlich für Ernstfälle wie Krankheit oder Tod absichern?

Sie erhalten zu verschiedenen Themenbereichen (etwa Arbeitsrecht, Steuersparmöglichkeiten, Geldanlage und Versicherungsschutz) Hilfestellung bei der persönlichen Bestandsaufnahme. Dazu gibt es Tipps, was sich verbessern lässt.

Bevor wir aber ins Detail gehen, geben wir Ihnen zunächst für verschiedene Lebensphasen einen ersten kurzen Fahrplan an die Hand mit wichtigen Schritten, die Sie entweder gehen sollten, um die nötige finanzielle Sicherheit zu haben. Oder die Sie gehen können, um aus Ihrer aktuellen Situation finanziell mehr herauszuholen.

Mein Plan für die Zukunft

Anfang 30 oder Mitte 50? Allein oder in der Partnerschaft? Mit Kind oder ohne? Ganz gleich, wo Sie stehen: Meist gibt es einige Möglichkeiten, die finanzielle Situation zu verbessern.

Einige Tipps für die Budget- und Finanzplanung gelten für Frauen wie für Männer – unabhängig vom Alter, der beruflichen und der familiären Situation, zum Beispiel:

- Behalten Sie Ihr Budget im Blick, um einschätzen zu können, was Sie sich leisten und wie viel Geld Sie zur Seite legen können.
- Prüfen Sie bestehende Verträge. Ganz gleich ob Handy, Strom oder Versicherungen: Wenn Sie die Verträge bereits vor einigen Jahren abgeschlossen haben, nehmen Sie sich die Zeit, nach Alternativangeboten am Markt zu schauen. Die Chancen stehen gut, zum Beispiel einen günstigeren Handyvertrag zu finden oder eine Haftpflichtversicherung, die zum gleichen Preis mehr Leistungen bietet als der bisherige Tarif.
- Sorgen Sie für ein kurzfristig verfügbares Notfallpolster. Das sollten Sie haben, ehe Sie über weitere Geldanlagen nachdenken. Am besten eignet sich dafür ein Tagesgeldkonto. Die Zinsen auf so einem Konto sind derzeit zwar nicht überragend, aber besser als nichts. Und Sie können kurzfristig auf das Ersparte zugreifen, wenn Sie zum Beispiel Geld für die Autoreparatur benötigen oder wenn die Waschmaschine streikt. Ungünstig wäre es, wenn Sie in der Situation zum Beispiel Ihr Girokonto überziehen müssten: Rutscht der Kontostand unter null, verlangen die Banken im Schnitt immer noch knapp 10 Prozent Dispo-Zinsen, manche sogar noch deutlich mehr.
- Legen Sie wenn möglich regelmäßig Geld zur Seite. Je früher Sie damit anfangen, desto mehr profitieren Sie vom Zinseszinseffekt. Wenn Sie für das Alter sparen wollen, prüfen Sie zunächst, ob Anlagen mit staatlicher Förderung infrage kommen. Doch auch ohne Förderung bringen kleine wie große Sparbeträge im Laufe der Jahre etwas. Wenn Sie zum Beispiel ab dem Alter von 30 Jahren jeden Monat 100 Euro zur Seite legen und zu einem Zinssatz von 1,5 Prozent anlegen, haben Sie mit 65 ein Polster von rund 55 000 Euro erwirtschaftet. Zum Vergleich: Hätten Sie erst im Alter von 45 Jahren mit dem Sparen der 100 Euro begonnen, wären Sie mit 65 Jahren nur bei rund 28 000 Euro.

- Machen Sie eine Steuererklärung, auch wenn Sie nicht dazu verpflichtet sind. In aller Regel lohnt sich die Mühe für diejenigen, die nicht mit dem Finanzamt abrechnen müssen. Über die Steuererklärung können Sie viele Posten einbringen, die Sie vielleicht gar nicht vor Augen haben – angefangen bei den Ausgaben für den Arbeitsweg über Spenden bis hin zu Versicherungsbeiträgen und Ausgaben für Handwerker. Einige Posten werden zwar schon berücksichtigt, wenn der Arbeitgeber am Monatsende die Höhe Ihrer Lohnsteuer ermittelt – allerdings nur mit einer Pauschale. Gut möglich, dass Sie diese mit Ihren tatsächlichen Ausgaben etwas oder sogar deutlich überspringen, sodass Sie sich zu viel gezahlte Lohnsteuer über die Steuererklärung zurückholen.
- Sorgen Sie für rechtliche Klarheit, zum Beispiel mit einer Vorsorgevollmacht oder einer Betreuungsverfügung. So können Sie vorab festlegen, wer im Ernstfall für Sie und in Ihrem Sinn Entscheidungen treffen soll, wenn Sie selbst etwa aus gesundheitlichen Gründen nicht dazu in der Lage sind.

Neben diesen grundlegenden Tipps gibt es für Frauen in den unterschiedlichsten Lebensphasen weitere Spielräume und Handlungsmöglichkeiten, um an ihrer finanziellen Situation etwas zu verbessern. Eine Kurzübersicht zu den Chancen, aber auch zu Verpflichtungen lesen Sie für folgende Lebenssituationen:

- Alleinstehend im Berufsleben (S. 20)
- In fester Partnerschaft (S. 22)
- Das erste Kind kommt bald oder ist gerade da (S. 24)
- Als Mutter zurück in den Beruf (S. 26)
- Wenn die Kinder älter werden (S. 28)
- Plötzlich getrennt (S. 30)
- Alleinerziehend (S. 32)
- In der Patchwork-Familie (S. 34)
- Wenn der Partner stirbt (S. 36)
- Ruhestand in Sicht (S. 38)

In den jeweiligen Übersichten werden wir die Handlungsoptionen nur kurz nennen – sozusagen als Kurz-Ratgeber für die erste Orientierung. Im weiteren Verlauf dieses Ratgebers folgen dann ausführliche Erklärungen und passende Beispiele.

Manch eine von Ihnen wird sich derzeit nicht nur in einer der genannten Gruppen wiederfinden, sondern gleich an mehreren Stellen, zum Beispiel als alleinerziehende Berufsrückkehrerin oder als Frau Mitte 50, die nach dem Tod Ihres Partners plötzlich allein dasteht. Oder die genannte Beispielsituation passt nicht hundertprozentig zu Ihrer eigenen Situation – etwa wenn Sie als Mutter Vollzeit berufstätig sind.

Deshalb kann es sich lohnen, wenn Sie nicht nur eine Checkliste ansehen, sondern die Situationen heraussuchen, in denen Sie sich zumindest ein wenig wiederfinden.

Alleinstehend im Berufsleben

Sie sind voll berufstätig. Einen festen Partner und Kinder haben Sie derzeit nicht. Deshalb nutzen Sie die Chance, Ihre eigenen Wünsche zu verwirklichen – geben Geld für Reisen aus und für Dinge, die Ihnen Spaß machen. Trotzdem bleibt monatlich etwas vom Gehalt übrig, sodass Sie auch sparen können.

→ Verschaffen Sie sich einen **Überblick** zu Ihren finanziellen Spielräume. Gerade wenn Sie noch nicht lange im Berufsleben stehen: Planen Sie ein **Polster** für mögliche größere Ausgaben ein, etwa für die BAföG-Rückzahlung oder für die Kosten Ihrer ersten richtigen Wohnungseinrichtung.

→ Je nach Alter werden Sie mit Vorsorge und Sparen vermutlich nicht bei null anfangen. Prüfen Sie, ob es günstigere Alternativen zu Ihren bisherigen Investments gibt – etwa einen **ETF** als Alternative zum aktiv gemanagten Fonds. → **S. 124**

→ Prüfen Sie, ob **staatlich geförderte Angebote** für die Altersvorsorge infrage kommen. → **S. 104**

→ Je nach Alter und beruflicher Situation kann die **Betriebsrente** eine Option sein. Wenn Sie bereits einen Vertrag haben, überlegen Sie, ob Sie die Zahlungen erhöhen wollen. → **S. 108**

→ Sprechen Sie mit dem Chef über **Fortbildungsmöglichkeiten**. Wenn Sie sich auf eigene Faust weiterbilden wollen: Es gibt diverse Förderprogramme, und Sie können mit Bildungskosten eine Menge Steuern sparen. → **S. 89**

→ Wollen Sie beruflich ganz **neue Wege** einschlagen, zum Beispiel mit einer nebenberuflichen Selbstständigkeit? Überlegen Sie, wie sich das organisieren lässt, etwa, indem Sie vorübergehend Arbeitsstunden im Hauptjob reduzieren. → **S. 67**

→ Um Ihr Nettogehalt zu erhöhen, können Sie als Alleinstehende nichts an Ihrer Steuerklasse ändern. Etwas sparen können Sie eventuell mit dem Wechsel in eine **günstigere gesetzliche Krankenkasse**. → **S. 78**

→ Wenn Sie sich mehr Lohn für Ihre Arbeit wünschen: Versuchen Sie es im nächsten Mitarbeitergespräch mit **geldwerten Extras**, falls Ihr Chef nicht mehr Gehalt zahlen will. → **S. 61**

→ Je nach Verdienst kann es sein, dass Sie von der gesetzlichen in die **private Krankenversicherung** wechseln dürfen. Überlegen Sie sich diesen Schritt genau, denn rein finanziell lohnt sich der Wechsel auf Dauer oft nicht. → **S. 80**

→ Wer weiß, was kommt? Legen Sie einen Teil Ihres Geldes **flexibel** an und meiden Sie langlaufende Verträge, wenn Sie etwa davon ausgehen, irgendwann eine Familie zu gründen oder wenn Sie sich eine längere berufliche Auszeit vorstellen können. → **S. 118**

In fester Partnerschaft

Sie sind fest liiert, planen mit Ihrem Partner oder Ihrer Partnerin eine gemeinsame Zukunft, eventuell Kinder, allerdings noch nicht gleich. Sie sind gerade in eine gemeinsame Wohnung gezogen oder haben diesen Schritt vor.

→ Sobald Sie einen gemeinsamen Haushalt führen, können Sie sparen – zum Beispiel bei Alltagsposten wie **Strom oder Internet/Telefon**. Nutzen Sie die Gelegenheit, sich nach neuen Angeboten umzusehen und zu vergleichen.

→ Auch von „doppelten" **Versicherungen** können Sie sich trennen. Sie brauchen zum Beispiel nur noch eine Privathaftpflicht- und eine Hausratversicherung. → **S. 151**

→ Wer zahlt was? Auch wenn es vielleicht nicht jedem liegt: Sprechen Sie in der Partnerschaft über **finanzielle Themen**, um späteren Streit darüber möglichst zu vermeiden. → **S. 51**

→ Sie sparen im Alltag Kosten und können dadurch mehr Geld zur Seite legen? Passen Sie Ihre **Geldanlage** an die neuen Möglichkeiten an. → **S. 117**

➔ Ob mit oder ohne Trauschein: Überlegen Sie, ob Sie sich mehr rechtliche Sicherheit wünschen. Die können Sie sich mithilfe eines **Ehe- oder Partnerschaftsvertrags** verschaffen. → **S. 46**

➔ Als festes Paar mit Familienwunsch kann der Traum vom **Eigenheim** konkreter werden. Planen Sie diesen Wunsch bei Ihrer weiteren Geldanlage ein. → **S. 130**

➔ Heiraten ja oder nein? Wenn Sie finanzielle Aspekte in die Entscheidung mit einbeziehen wollen: Die **Hochzeit** lohnt sich tatsächlich, zum Beispiel, weil Sie eine Menge Steuern sparen können. → **S. 86**

➔ Denken Sie an die rechtliche Absicherung etwa in Form einer **Vorsorgevollmacht**. → **S. 52**

➔ Überlegen Sie, ob ein **gemeinsames Konto** infrage kommt. Das kann praktisch sein. Doch sollten Sie sich trennen, kann es schwierig werden, alles wieder auseinanderzurechnen. → **S. 147**

➔ Eine **Risikolebensversicherung** bringt zusätzliche finanzielle Sicherheit für dem Fall, dass einem von Ihnen etwas zustößt. → **S. 147**

Das erste Kind kommt bald oder ist gerade da

Sie sind schwanger oder gerade Mutter geworden. Sie leben in einer Partnerschaft. Für die Kinderbetreuung werden hauptsächlich Sie zuständig sein und beruflich einige Zeit aussetzen oder zumindest zurückstecken.

→ Verschaffen Sie sich einen Überblick zum **Familienbudget**: Wie viel berufliche Auszeit und wie viel Teilzeit können Sie sich als Eltern leisten?

→ Planen Sie bei Ihrer Entscheidung über Aus-/Teilzeit ein, dass Ihnen trotz staatlicher Unterstützung wie Eltern- und Kindergeld nach der Geburt **weniger Einkommen** zur Verfügung steht als vorher. Parallel dazu steigen Ihre Ausgaben. → **S. 69**

→ Informieren Sie sich frühzeitig über die Betreuungsmöglichkeiten, wann und wie zum Beispiel **Kita-Plätze** in Ihrer Kommune vergeben werden.

→ Halten Sie parallel Kontakt zu Ihrem Arbeitgeber, um die Rahmenbedingungen für die **Rückkehr** abzustecken. → **S. 64**

→ Kurz vor der Geburt oder danach haben Sie keine Chance mehr, das „Elterngeld" zu erhöhen. Wenn Sie aber noch in der Familienplanung oder gerade erst schwanger sind, prüfen Sie, ob ein **Steuerklassenwechsel** mehr Lohnersatzleistungen bringen kann. → **S. 87**

→ Als Paar können Sie sich nach der Geburt mehr finanzielle Freiräume verschaffen, wenn Ihr berufstätiger Partner sein Nettoeinkommen erhöht. Kommen zum Beispiel weitere **Steuerfreibeträge** infrage? → **S. 83**

Mit Kind lohnt sich oft ein **Riester-Vertrag** als Altersvorsorge dank der staatlichen Zulagen. Gerade für Jüngere ist ein geförderter Fondssparplan interessant. → **S. 106**

Legen Sie ein **Konto** oder Depot für den Nachwuchs an.

Sobald Kinder da sind, sollten beide Elternteile – auch die Partnerin, die beruflich zurücksteckt – über eine **Risikolebensversicherung** geschützt sein. → **S. 147**

Die finanzielle Absicherung für den Verlust der Arbeitskraft wird umso wichtiger, sobald Sie für andere sorgen. Haben Sie noch keine **Berufsunfähigkeitsversicherung**, holen Sie Angebote ein. → **S. 141**

Haben Sie schon eine solche Versicherung? Dann prüfen Sie, unter welchen Bedingungen Sie die vereinbarten **Leistungen erhöhen** können. → **S. 141**

Für den Nachwuchs benötigen Sie eine **Krankenversicherung**. Achten Sie bei der Wahl der gesetzlichen Krankenkasse nicht nur auf den Beitragssatz, sondern auch auf die Leistungen. → **S. 78**

Wenn Sie sich in der Elternzeit auf eigene Kosten **fortbilden**, rechnen Sie alle Ausgaben in der Steuererklärung ab. Sie bringen ab dem ersten Euro einen Vorteil, wenn Sie kein eigenes Einkommen haben. → **S. 89**

Wählen Sie als verheiratete Eltern bei der nächsten Steuererklärung nicht automatisch die gemeinsame Veranlagung. Da Elterngeld geflossen ist, prüfen Sie zunächst, ob es günstiger ist, **getrennt** beim Finanzamt abzurechnen. → **S. 90**

Suchen Sie mit Ihrem Partner eine Lösung, wer die Beiträge für Ihre laufenden **Vorsorgeverträge** übernimmt: Was kann er zumindest vorübergehend für Sie zahlen, solange Sie nichts oder wenig verdienen?

Als Mutter zurück in den Beruf

Für Ihre Familie haben Sie einige Zeit im Job ausgesetzt, nun wollen Sie wieder arbeiten. Für Ihr Kind haben Sie einen Kita-Platz, Sie kehren mit einer Teilzeitstelle ins Arbeitsleben zurück.

→ Lassen Sie sich vorab von Ihrem Arbeitgeber ausrechnen, wie viel Ihnen netto von Ihrem „neuen" Gehalt als **Teilzeitkraft** übrig bleibt. Oder schauen Sie auf die Homepage Ihrer Krankenkasse: Einige Kassen bieten online einen Abgabenrechner an. → **S. 75**

→ Mehr bleibt nicht übrig? Wenn Sie als verheiratete Frau Steuerklasse V wählen, müssen Sie mit besonders hohen Steuerabzügen rechnen. Wollen Sie eine gerechtere Abrechnung im Vergleich zu Ihrem Partner, wählen Sie beide **Steuerklasse IV**. → **S. 84**

→ Sie wünschen sich einen finanziellen **Ausgleich** von Ihrem Partner, da Sie nur noch Teilzeit arbeiten? Das lässt sich per Ehe- oder Partnerschaftsvertrag regeln, egal wie lange Sie schon zusammen sind. → **S. 51**

→ Wenn Sie sich ein weiteres Kind wünschen und sich dafür möglichst viel **Elterngeld** sichern wollen, sollten Sie frühzeitig über einen möglichen Steuerklassenwechsel nachdenken. → **S. 87**

→ Informieren Sie sich: Können Sie von Ihrem Arbeitgeber **Unterstützung** bekommen, etwa bei der Suche nach einer kurzfristigen Betreuung, falls Ihr Kind krank wird? Ist er sogar bereit, sich an den Kosten dafür zu beteiligen? → **S. 61**

→ Klären Sie, ob Extras zum Gehalt eine Option für den Chef sind, zum Beispiel ein **Zuschuss** zum Kita-Beitrag. → **S. 61**

→ Besprechen Sie mit Ihrem Partner, wer in welchen Situationen **Kinderkrankentage** nimmt und vom Kinderkrankengeld der gesetzlichen Kasse profitiert.

→ Wie lange wollen Sie in Teilzeit arbeiten? Versuchen Sie eine **befristete Teilzeit** mit Ihrem Arbeitgeber auszuhandeln, wenn Sie sich nach der Elternzeit alle Optionen offenhalten wollen. → **S. 64**

→ Klären Sie möglichst vor dem ersten Notfall ab, was Ihnen laut Arbeitsvertrag zusteht und wie Sie vorgehen müssen, wenn Ihr **Kind krank** wird.

→ Jetzt, da Sie wieder Geld verdienen: Versuchen Sie, davon etwas zur Seite zu legen. Sorgen Sie zum Beispiel mit einem **Riester-Vertrag** vor oder informieren Sie sich über die Konditionen für eine betriebliche Vorsorge. Auch ETF können interessant sein. → **S. 93**

Wenn die Kinder älter werden

Ihr Nachwuchs geht mittlerweile in die Schule. Sie arbeiten noch immer mit reduzierter Stundenzahl, möchten aber gerne aufstocken.

➔ Erschrecken Sie nicht beim Blick auf Ihre alljährliche **Renteninformation**: Wenn Sie mehrere Jahre Teilzeit gearbeitet haben, werden Ihre bisher erworbenen Rentenansprüche eventuell nicht überragend sein. → **S. 97**

➔ Der Arbeitgeber macht Ihnen ein Angebot für mehr Arbeitsstunden? Fragen Sie in der Personalstelle, was netto bleibt. Oder suchen Sie im Internet nach einem **Abgabenrechner**, etwa auf den Seiten der Krankenkassen. → **S. 75**

➔ Sie überlegen, einen Zusatzjob anzunehmen? Um möglichst wenig Abgaben zahlen zu müssen, sind **Minijobs** sowie Aushilfs- und saisonale Beschäftigungen interessant. → **S. 68**

➔ Fahrrad, Klassenfahrt, Ferienfreizeit: Mit zunehmendem Alter steigen die Wünsche und Ausgaben für die Kinder. Sorgen Sie dafür, dass Sie für solche Anlässe genug Geld kurzfristig zur Verfügung haben, etwa auf einem **Tagesgeldkonto**. → **S. 122**

Prüfen Sie Ihren Versicherungsschutz. Reicht zum Beispiel die vor Jahren abgeschlossene **Hausratversicherung** noch aus? Durch Fernseher, Spielkonsole, Tablet und Co. kann der Wert des Hausrats deutlich gestiegen sein. → **S. 151**

Überlegen Sie, ob Sie zusätzlichen **Schutz für Ihre Kinder** wollen, zum Beispiel eine private Unfallversicherung oder eine Krankenzusatzversicherung. → **S. 150**

Beachten Sie: Solange Ihre Kinder noch keine zwölf Jahre alt sind und krank werden, steht Ihnen als gesetzlich Krankenversicherte **Kinderkrankengeld** der Krankenkasse zu. Sie haben Anspruch auf eine unbezahlte Freistellung vom Job.

Wie haben sich die **Geldanlagen Ihrer Kinder** zuletzt entwickelt? Wenn Sie beispielsweise in Fonds investiert haben, behalten Sie die Entwicklung an den Börsen im Auge – spätestens, wenn der Ausbildungsbeginn näher rückt. → **S. 124**

Nicht vergessen: Auch wenn Ihre Kinder schon in die Schule gehen, aber noch keine 14 Jahre alt sind, können Sie mit **Betreuungskosten** Steuern sparen, etwa wenn Sie ein „Kindermädchen" oder Au-pair engagieren. → **S. 89**

Plötzlich getrennt

Sie sind verheiratet oder zumindest fest liiert. Doch nun ist alles aus und vorbei. Sie wollen sich endgültig trennen.

→ Wenn Sie unsicher sind, **was Ihnen nun zusteht**, oder wenn es andere Unklarheiten gibt, etwa weil Sie mit Ihrem Partner zusammen einen Kredit aufgenommen oder gemeinsame Sparverträge abgeschlossen haben: Scheuen Sie sich nicht, sich frühzeitig anwaltlich beraten zu lassen.

→ Spätestens wenn Ehepartner den **Scheidungsantrag** bei Gericht stellen wollen, brauchen sie einen Anwalt.

→ Wenn Sie verheiratet waren, klären Sie: Wie kann ein gerechter **Versorgungsausgleich** aussehen? Lassen Sie sich von der gesetzlichen Rentenkasse beraten und klären Sie mithilfe eines Anwalts, wie die Versorgungsansprüche ausgeglichen werden können. → **S. 45**

→ Verschaffen Sie sich einen genauen **Überblick** zu Ihrer aktuellen und der neuen Einnahmen- und Ausgabensituation.

→ Wenn Sie ausziehen: Nehmen Sie sämtliche **persönlichen Unterlagen** mit – zum Beispiel Ausweis, Geburts- und Heiratsurkunde, Versicherungsunterlagen, Sparbücher und Kontoauszüge.

➔ Versuchen Sie schnell zu klären, was aus der bisher **gemeinsamen Wohnung** wird. Beachten Sie: Wenn Sie beide den Mietvertrag unterschrieben haben, kann der Vermieter sich an Sie beide wenden, um die Mietzahlungen einzufordern, selbst wenn Sie schon ausgezogen sind.

➔ Prüfen Sie Ihren **Versicherungsschutz** und gestalten Sie ihn wenn nötig um, zum Beispiel mit einer eigenen Kranken- und Haftpflichtversicherung. → **S. 137**

➔ Haben Sie noch ein gemeinsames Konto mit Ihrem Expartner? Um Klarheit zu schaffen, sollten Sie schnellstmöglich für **getrennte Kassen** sorgen.

➔ Aktualisieren Sie in Verträgen wie Risikolebens- oder Unfallversicherung den **Bezugsberechtigten**, wenn Sie dort Ihren Expartner genannt hatten und ihn nicht mehr einsetzen wollen. Teilen Sie dem Versicherer die Änderung schriftlich mit. → **S. 147**

➔ Gehen Sie nicht automatisch davon aus, dass Ihr Partner in Zukunft für Ihren **Unterhalt** aufkommen muss: Geschiedene Frauen haben zwar gegebenenfalls Anspruch auf nachehelichen Unterhalt, doch dieser ist regelmäßig befristet. → **S. 45**

➔ Prüfen Sie wichtige **Dokumente** wie Vorsorgevollmacht oder Testament und passen sie diese an die neue Lebenssituation an. → **S. 52**

Alleinerziehend

Sie haben mindestens ein Kind, das Sie allein großziehen. Sie sind berufstätig, eine Vollzeitbeschäftigung kommt allerdings rein organisatorisch derzeit nicht infrage.

→ Nutzen Sie **Beratungsangebote**, etwa beim Jugendamt, wenn es Streit mit Ihrem Expartner gibt, etwa zum Besuchsrecht oder zum Unterhalt. Schalten Sie wenn nötig einen Anwalt ein.

→ Wenn Ihr Partner keinen Unterhalt zahlt, beantragen Sie einen **Unterhaltsvorschuss**. Meist ist das Jugendamt zuständig. Wenn Sie Hartz-IV-Leistungen beziehen, ist das Jobcenter Ihr Ansprechpartner. → **S. 9**

→ Informieren Sie sich beim Jugendamt oder in anderen Familienberatungsstellen über weitere **Fördermöglichkeiten** wie Wohngeld oder Kinderzuschlag. → **S. 69**

→ Beantragen Sie beim Finanzamt die **Steuerklasse II** für Alleinerziehende. Dadurch sichern Sie sich mehr Nettogehalt. → **S. 88**

→ Erhöhen Sie Ihr Nettogehalt weiter, zum Beispiel, indem Sie sich einen **Steuerfreibetrag** für die Kinderbetreuung in Ihre Lohnsteuerdaten eintragen lassen. → **S. 82**

→ Gehen Sie bei der Steuererklärung nicht einfach davon aus, dass es am günstigsten ist, sich den **halben Kinderfreibetrag** und den halben Betreuungsfreibetrag von Ihrem Expartner übertragen zu lassen. Das ist nicht immer die beste Option.

Klären Sie mit Ihrem Arbeitgeber, ob Sie seine **Unterstützung** bekommen können, etwa bei der Suche nach einer kurzfristigen Betreuung für Ihr krankes Kind. → **S. 61**

So schwer es je nach Einkommen fallen mag: Versuchen Sie, zumindest kleine Beiträge auf die Seite zu legen, zum Beispiel den Mindestbeitrag von 60 Euro im Jahr für einen **Riester-Vertrag**. → **S. 105**

Wenn Ihre Kinder krank werden, haben Sie als Alleinerziehende im Jahr pro Kind Anspruch auf **bis zu 20 Tage** unbezahlte Freistellung vom Job und **Kinderkrankengeld,** maximal auf 50 Tage.

Wenn Sie einen **Zusatzjob** benötigen, kommt neben einem Minijob auch eine saisonale Beschäftigung infrage, wenn Sie möglichst wenige Abzüge haben wollen. → **S. 68**

Die besondere Belastung als Alleinerziehende hat Sie krank gemacht? Informieren Sie sich zum Beispiel bei Ihrem Arzt oder über das Mütter-Genesungswerk über die Möglichkeiten einer **Mutter-Kind-Kur.**

Wenn Sie aus organisatorischen Gründen zögern, mehr zu arbeiten: Prüfen Sie, ob es doch machbar ist. Wer weiß, ob sich so eine **Chance** noch einmal ergibt.

Schöpfen Sie **Förder- und Bonusprogramme** Ihrer Krankenkasse aus und bessern Sie so Ihr Konto auf. → **S. 78**

Mehr arbeiten ja oder nein? Klären Sie, was das netto bringt. Hätte der Verdienst Folgen für derzeitige **Sozialleistungen** wie Wohngeld oder Kinderzuschlag. → **S. 64**

In der Patchwork-Familie

Sie ziehen mit Ihrem neuen Partner zusammen. Jeder hat eigene Kinder aus einer früheren Beziehung.

- Neuer Haushalt, neue Einkommensverhältnisse: Nehmen Sie sich die Zeit, sich einen **Überblick** zu Einnahmen und Ausgaben zu machen. Klären Sie, wer von Ihnen was zahlen kann und soll.

- Planen Sie ein, dass Ihr **Nettogehalt** etwas niedriger ausfällt, wenn Sie nicht mehr alleinerziehend sind und deshalb die günstige Steuerklasse II verlieren. → **S. 88**

- Hochzeit ja oder nein? Informieren Sie sich über die Vorteile der **Hochzeit**, zum Beispiel um Steuern zu sparen oder für mehr rechtliche Absicherung.

- Wenn Sie nun nicht mehr allein für alle **Alltagsausgaben** aufkommen müssen: Klären Sie, wie viel mehr Sie beiseitelegen können, um für sich oder für Ihre Kinder zu sparen. → **S. 117**

→ Haben Sie und Ihr Ex das gemeinsame **Sorgerecht**, ändert sich daran nichts, nur weil Sie jetzt mit einem neuen Partner zusammenleben. In Alltagsfragen darf Ihr neuer Partner mitentscheiden, wenn Sie und Ihr Ex ihm das per Vollmacht erlauben. → **S. 50**

→ Aktualisieren Sie **Versicherungsverträge** und wichtige Dokumente: Wer soll im Ernstfall für Sie entscheiden, wer soll bezugsberechtigt bei der Lebensversicherung sein? Können Sie Verträge zusammenlegen und so Beiträge sparen? → **S. 135**

→ Es bleibt dabei: Auch wenn Sie mit einem neuen Partner zusammenleben, ist der leibliche Vater Ihrer Kinder verpflichtet, **Unterhalt** für den Nachwuchs zu leisten. → **S. 49**

→ Stocken Sie bestehende Sparverträge wenn möglich auf. Oder wählen Sie neue **Investments** aus, zum Beispiel ETF. → **S. 125**

→ Träumen Sie vom gemeinsamen **Eigenheim**? Gerade wenn Sie ohne Trauschein bauen oder kaufen wollen, informieren Sie sich vorab, wie Sie sich gegenseitig finanziell, aber auch rechtlich absichern können. → **S. 52**

Wenn der Partner stirbt

Ihr Ehepartner ist verstorben – das reißt ein Loch in Ihr Leben. Bei aller Trauer und allen Aufgaben rund um die Bestattung Ihres Partners möchten wir Ihnen dennoch ein paar wichtige Anregungen für die Zeit „danach" mitgeben.

- Versuchen Sie, kurzfristig einen **Überblick** zu Ihren Finanzen zu bekommen und wichtige Unterlagen zu sichten.

- Wenn Sie Geld aus privaten Versicherungen erwarten, etwa aus einer **Risikolebensversicherung**, informieren Sie den Versicherer möglichst in den ersten zwei Tagen nach dem Tod der versicherten Person. → **S. 147**

- Informieren Sie die Bank(en) Ihres Partners. Haben Sie für seine Konten keine Vollmacht, benötigen Sie in der Regel einen **Erbschein**, um darauf zugreifen zu können.

- Stellen Sie sicher, dass beispielsweise **Mietzahlungen oder Kreditraten** weiter regelmäßig fließen, wenn sich bisher Ihr Mann darum gekümmert hat. Von Ihrem Mann erteilte Daueraufträge laufen weiter, so lange bis der Nachlass geklärt ist.

- Holen Sie sich Rat bei einem Anwalt, zum Beispiel hinsichtlich des **Erbes**, wenn es etwa Kinder aus einer früheren Beziehung gibt, die ebenfalls Erbansprüche haben.

→ Klären Sie zudem, welche Ansprüche Sie als Witwe aus anderen **Vorsorgeverträgen** haben, etwa über die Betriebsrente Ihres Partners.

→ Gegenüber dem Finanzamt gilt: In dem Jahr, in dem Ihr Partner stirbt, und im Jahr danach haben Sie noch Anspruch auf das günstige **Ehegattensplitting**. Um davon gleich beim monatlichen Gehalt zu profitieren, wählen Sie Steuerklasse III. → **S. 89**

→ Bedenken Sie: Eine Witwenrente ist nicht immer erste Wahl, auch das **Rentensplitting** kann infrage kommen. → **S. 102**

→ Wenn Sie bisher über Ihren Partner familienversichert in einer gesetzlichen Krankenkasse waren, müssen Sie nun selbst **Mitglied einer Kasse** werden. → **S. 77**

→ Auch wenn Ihr Mann noch kein Rentner war, können Sie eine **Witwenrente** erhalten. Informieren Sie sich in einer Beratungsstelle der Deutschen Rentenversicherung zu den Ansprüchen. → **S. 101**

→ Stellen Sie auch andere **Versicherungsverträge** um, wenn diese bisher auf den Namen Ihres Partners liefen. → **S. 135**

Ruhestand in Sicht

Sie sind Mitte 50 und berufstätig. Die Informationen der Rentenversicherung sind nicht verlockend. Am liebsten möchten Sie noch ein bisschen mehr für das Alter vorsorgen.

→ Heften Sie die **Renteninformationen** und Standmitteilungen über private oder betriebliche Vorsorgeverträge nicht achtlos ab, sondern verschaffen Sie sich damit einen Überblick über Ihre künftigen Ansprüche. Je näher die Rente rückt, desto mehr Aussagekraft erhalten die Unterlagen.

→ Beziehen Sie in Ihre Planungen mögliche **Ernstfälle** mit ein: Wie viel Geld steht Ihnen zur Verfügung, wenn etwa Ihr Ehepartner stirbt? → **S. 55**

→ Welche Einnahmen und Ausgaben haben Sie heute? So wissen Sie zum Beispiel, wie viel Geld Sie für eine weitere **Altersvorsorge** investieren können. → **S. 93**

→ Beziehen Sie Ihren Partner mit ein: Klären Sie, wie er Sie finanziell bei der Altersvorsorge unterstützen kann – zum Beispiel, wenn Sie aufgrund der familiären Auszeiten die größere **Rentenlücke** haben. → **S. 95**

→ Wenn Sie bisher Teilzeit gearbeitet haben: Informieren Sie sich über die Chancen, bei Ihrem Arbeitgeber oder in einem anderen Betrieb **mehr Stunden** zu arbeiten. Das macht sich nicht nur heute, sondern auch im Ruhestand bezahlt. → **S. 64**

Lassen Sie sich von der gesetzlichen Rentenversicherung auch zu **freiwilligen Beiträgen** beraten: Ab 50 haben Sie die Chance, so auf eigene Faust die gesetzliche Rente aufzustocken. → **S. 111**

Wie ist Ihr Geld heute angelegt? Wenn Sie zum Beispiel einen Teil in Investmentfonds oder Wertpapieren angelegt haben, sollten Sie die Lage an den Börsen im Blick behalten und im Laufe der nächsten Jahre in **sicherere Anlagen** umschichten, wenn Sie das Geld zum Rentenbeginn möglichst sicher zur Verfügung haben wollen. → **S. 122**

Nutzen Sie das Beratungsangebot der gesetzlichen Rentenversicherung: Informieren Sie sich zum Beispiel über die **„Kontenklärung“**, wenn es noch Lücken in Ihrer Versichertenlaufbahn gibt. → **S. 96**

Keine Sorge: Müssen Sie kurzfristig zum Beispiel Ihre erkrankte Mutter betreuen, haben Sie Anspruch auf Auszeiten vom Job für die **Pflege**. → **S. 73**

Und wie steht es mit dem Kredit für Ihre eigene Immobilie? Wenn Sie hier noch abzahlen und einen Riester-Vertrag haben, können Sie angespartes Riester-Vermögen für eine **Sondertilgung** nutzen. → **S. 132**

Oder wollen Sie – quasi für den gleitenden Übergang in den Ruhestand – **Stunden reduzieren**? Suchen Sie auch dann das Gespräch mit dem Chef. Einen Antrag auf Teilzeit müssen Sie bis 13 Wochen vor dem gewünschten Termin stellen. → **S. 93**

Prüfen Sie, ob Ihr Ordner mit **Vollmachten und Verfügungen** noch zu Ihrer Lebenssituation passt. → **S. 52**

Auf eigenen Füßen

Für alleinstehende Frauen ist es selbstverständlich: Sie müssen für sich – ohne die Hilfe eines Partners – aufkommen. Finanzielle Unabhängigkeit sollte aber auch für Frauen in einer glücklichen Partnerschaft ein Ziel sein. Schließlich weiß niemand, was kommt.

Glücklicher Single, beruflich und finanziell unabhängig, mit genügend Freiräumen, um persönliche Wünsche zu erfüllen. Oder: Verliebt, verlobt, verheiratet, Kinder, mit der beruflichen Entwicklung zufrieden und finanziell abgesichert, mit dem Partner gemeinsam glücklich alt werden.

Natürlich ist es schön, wenn es so oder so ähnlich läuft. Nur leider gibt es keine Garantie. So standen etwa den 410 000 Eheschließungen im Jahr 2016 rund 162 000 Scheidungen gegenüber (siehe „30 Sekunden Fakten", S. 43). Dazu kommen die ungezählten Trennungen von Paaren ohne Trauschein.

Auch andere Einschnitte können das Leben in finanziell abgesicherten Verhältnissen auf den Kopf stellen. Sie selbst verlieren Ihren Job; oder der Partner, der das Haupteinkommen der Familie gesichert hat, kommt mit seinem Arbeitgeber nicht mehr zurecht, kündigt und findet nicht gleich eine neue Stelle. Eventuell reißt auch ein Unfall, vielleicht sogar ein Todesfall in der Familie das erhoffte Glück auseinander.

So ungern Sie sich damit beschäftigen: Es lohnt sich, die Themen in ruhigen Zeiten anzugehen – die Versicherungen auf Vordermann zu bringen, Vollmachten und Verfügungen für den Ernstfall zu aktualisieren und die Basis für die finanzielle Unabhängigkeit zu legen, um etwa nach einer Trennung nicht bei null anfangen zu müssen.

Schritte zur finanziellen Unabhängigkeit

Ein eigenes Einkommen ist unverzichtbar, um es wenn nötig finanziell auch allein schaffen zu können. Sie sollten sich aber auch mit rechtlichen Fragen auseinandersetzen.

Im Jahr 2016 haben rund 162000 Mädchen an einer allgemeinbildenden Schule Abitur gemacht, bei den Jungen waren es etwa 27000 weniger. Auch danach stehen junge Frauen insgesamt in Sachen Bildung nicht schlechter da als junge Männer: So haben 2016 zum Beispiel mehr Frauen als Männer Prüfungen an einer Hochschule erfolgreich abgelegt. Diese Daten zeigen: Die Voraussetzungen, um gut ausgebildet und erfolgreich ins Berufsleben starten zu können, sind für eine Vielzahl junger Frauen nicht schlechter als die der Männer.

Eigenes Einkommen als Basis

Für die meisten Frauen dürfte klar sein: Solange Sie allein für sich verantwortlich sind und noch keine Familie haben, arbeiten sie nach erfolgreicher Ausbildung Vollzeit. Oder sie streben es zumindest an, wenn der Arbeitsmarkt es bisher nicht hergibt. Wenn Sie für sich alleine sorgen (müssen) und nicht auf staatliche Unterstützung angewiesen sein wollen, bleibt Ihnen letztlich keine andere Wahl, als mit dem eigenen Einkommen ihren Alltag zu finanzieren.

In einer Partnerschaft oder spätestens wenn Kinder da sind, verschiebt sich häufig das Bild – aus der früheren Vollzeitbeschäftigung der Frau wird häufig zumindest für einige Zeit ein Teilzeitjob, nachdem die Berufstätigkeit vorübergehend auf Eis gelegen hat. Der Partner übernimmt meist immer noch die Rolle des Hauptverdieners der Familie (siehe „Meine Situation – mein Plan", S. 13). Diese Rollenverteilung wird mancher Frau nicht leichtfallen, andere finden sich leichter und auf Dauer in dieser Konstellation zurecht. Genau das kann zu einem echten Problem werden.

Beispiel: Simone ist Mitte 40 und verheiratet. Sie hat zwei Kinder im Teenageralter. Um das Familienleben zu organisieren, hat sie insgesamt fünf Jahre komplett beruflich ausgesetzt, danach halbtags gearbeitet. Für sie war klar, dass ihr Mann der Hauptverdiener sein würde und Karriere macht, während sie nur einen Teil zum Familieneinkommen beisteuert. Sie hat sogar in den letzten Jahren einige attraktive Stellenangebote ihres Chefs ausgeschlagen, weil sie das zusätzliche Gehalt gar nicht brauchten.

Nun beichtet ihr Mann Jens, dass er sich in eine neue Kollegin verliebt hat und mit ihr eine Familie gründen will. Diese Nachricht stürzt Simone nicht nur in ein Gefühlschaos, sondern stellt sie vor allem vor neue finanzielle Herausforderungen.

Wenn Frauen wie sie für die Familie beruflich aussetzen oder zumindest deutlich kürzertreten, stehen sie im Fall einer Trennung unter Umständen ziemlich schlecht da – nicht nur heute, sondern auch in Zukunft. Denn wer heute weniger verdient und entsprechend weniger in die gesetzliche Rentenkasse einzahlt, wird im Alter weniger Leistungen herausbekommen (siehe „Achtung: Rentenrisiko Teilzeit!", S. 98).

Per Gesetz gilt: Während der Ehe sind Ehepartner nicht nur zu gegenseitigem Beistand und Fürsorge verpflichtet, sondern auch zum gegenseitigen Unterhalt. Nach der Trennung muss Simone nun aber grundsätzlich selbst für ihren Unterhalt sorgen. Vater Jens muss – sofern er neben der Unterhaltszahlung für die Kinder finanziell überhaupt dazu in der Lage ist – für sie zwar Unterhalt bezahlen. Dieser Anspruch ist aber regelmäßig nur befristet. Da die Kinder bereits Teenager sind, ist Simone gehalten, eine Vollzeitbeschäftigung aufzunehmen.

Simone überlegt, wie sie möglichst rasch mehr Einkommen erzielt. Im besten Fall gelingt es ihr, bei ihrem bisherigen Arbeitgeber Stunden aufzustocken und so mehr zu verdienen. Doch das klappt natürlich längst nicht immer.

30 SEKUNDEN FAKTEN

410 000

Ehen wurden im Jahr 2016 geschlossen. Das waren rund 10 000 mehr als im Jahr davor. Bei ihrer ersten Hochzeit sind die Frauen im Schnitt etwa 31 Jahre alt.

162 400

Ehescheidungen gab es 2016 – etwa 1 000 mehr als im Vorjahr. Zum Zeitpunkt der Scheidung waren die Frauen im Durchschnitt 43,6 Jahre alt.

792 000

Kinder wurden im Jahr 2016 geboren – rund 55 000 mehr als im Jahr davor. Bei der Geburt des ersten Kindes sind die Frauen durchschnittlich 29,5 Jahre alt.

Quelle: Statistisches Bundesamt

Einen gesetzlichen Anspruch darauf, dass die Arbeitszeit aufgestockt wird, gibt es derzeit nur zum Ende der Elternzeit – zurück zum Arbeitspensum, das vor der Elternzeit galt. Chancen, um in absehbarer Zeit wieder mehr zu arbeiten, hat ansonsten nur, wer mit dem Arbeitgeber aushandeln konnte, dass die Teilzeit befristet wird.

→ Gesetz in der Warteschleife

Einen Rechtsanspruch auf eine befristete Teilzeit gibt es bisher nicht. Es gab und gibt zwar Pläne, das Gesetz zu ändern und ab einer bestimmten Betriebsgröße einen Anspruch auf eine befristete Teilzeit zu schaffen. Doch ein entsprechendes Gesetz wurde bisher nicht verabschiedet.

Hat Simone nicht vereinbart, dass sie nur für einen befristeten Zeitraum mit reduzierter Stundenzahl arbeitet, sitzt sie zumindest derzeit erst einmal auf ihrem bisherigen Teilzeit-Stundenkonto fest. Es sei denn, sie hat Glück, und es werden beispielsweise Arbeitsstunden einer Kollegin frei, die sie übernehmen kann.

Doch selbst wenn Simone wieder mehr Stunden arbeiten und deshalb mehr verdienen kann: Gut möglich, dass sie nicht mehr die großen Karrieresprünge machen kann. Nachdem sie in früheren Jahren Angebote ihres Chefs abgelehnt hat, sind vielleicht andere, die nicht durch Familienauszeiten, durch Teilzeitbeschäftigung und Kita-Schließzeiten ausgebremst wurden, auf den besseren Positionen angekommen. Dann wird Simone auch künftig weniger verdienen als ohne die familiären Aus- und Fehlzeiten möglich gewesen wäre.

Das Beispiel zeigt: Auch wenn Sie sich möglichst viel Zeit für die Familie wünschen, sollten Sie die eigene Karriere nicht komplett hintanstellen. Dazu gehört zum Beispiel, frühzeitig mit dem Chef über befristete Teilzeitphasen zu verhandeln, um nicht auf Dauer in der Teilzeitfalle zu sitzen.

Außerdem lohnt es sich, Teilzeit- oder längere Familienzeitphasen für eine berufliche Weiterbildung zu nutzen. Vielleicht unterstützt Sie hier sogar der Arbeitgeber.

Wenn Sie selbst zahlen müssen, sammeln Sie sämtliche Belege und rechnen Sie die Bildungskosten in der Steuererklärung ab. Das macht sich bezahlt.

Finanzieller Ausgleich für berufliche Auszeiten

Eine berufliche Auszeit nach der Geburt eines Kindes belastet das Familienbudget. Dank des 2009 eingeführten Elterngeldes ist die Einkommenslücke allerdings nicht ganz so groß: Vom Staat erhalten Eltern, die nach der Geburt beruflich aussetzen, im Regelfall vorübergehend 65 Prozent des bisherigen Nettogehalts – mindestens 300, maximal 1800 Euro im Monat. Damit bleibt trotz beruflicher Auszeit ein gewisses Polster.

Durch das 2015 eingeführte Elterngeld Plus ist es für viele Frauen finanziell attraktiver geworden, schon neben dem Bezug der Lohnersatzleistung wieder zu arbeiten. Mehr zu den genauen Regeln unter „Manchmal greift der Staat unter die Arme", S. 69).

Diese staatliche Förderung hat allerdings einen Haken: Das Elterngeld läuft irgendwann aus. Für die meisten Frauen ist nach etwa einem Jahr Schluss mit dem Leistungsbezug, spätestens nach gut zwei Jahren endet die Auszahlung.

Ohne Trauschein haben Sie per Gesetz keinen Anspruch darauf, dass der Partner für Sie mit einspringt.

Und wie geht es nach Ende der Lohnersatzzahlung weiter? Wenn Sie verheiratet sind, haben Sie zumindest eine gewisse Sicherheit, dass Ihr Partner mit für Sie sorgen muss – als Ehepaar bilden Sie eine Wirtschaftsgemeinschaft. Wenn nötig zahlt der Partner also beispielsweise die Beiträge für Ihre seit Jahren laufende Kapitallebensversicherung. Oder Sie entscheiden gemeinsam, dass der Vertrag ruhend gestellt wird und sein verdientes Geld besser in das Darlehen für Ihr Haus fließt.

Ohne Trauschein haben Sie per Gesetz keinen Anspruch darauf, dass der Partner für Sie mit einspringt. Dennoch dürfte es auch für Unverheiratete – solange sie ein glückliches Paar sind – möglich sein, eine akzeptable Lösung für beide Seiten zu finden und zum Beispiel fair zu regeln, wer welche Alltagskosten oder Vorsorgebeiträge übernimmt.

Finanzen im Griff auch nach einer Trennung

Doch wie geht es weiter, wenn Sie sich trennen? In dem Fall haben verheiratete Frauen per Gesetz eine gewisse Absicherung. Denn für Ehepaare, die vertraglich nichts anderes vereinbart haben, gilt: Sie leben automatisch im Güterstand der Zugewinngemeinschaft. Das bedeutet, jeder Ehepartner behält das Vermögen, das er mit in die Ehe gebracht hat und kann eigenes Vermögen hinzuerwerben. Das von beiden Partnern während der Ehe zugewonnene Vermögen wird im Fall einer Trennung auf beide Partner zu gleichen Teilen aufgeteilt.

Geteilt werden auch sämtliche Versorgungsansprüche, die während der Ehe hinzugewonnen wurden. Das gilt zum einen für die gesetzliche Rente, deren Höhe im Alter anhand der gesammelten „Entgeltpunkte" ermittelt wird (siehe „Das 1 x 1 der Renten", S. 97). Aber auch die Ansprüche aus privaten Versicherungen, aus einer Riester- oder einer betrieblichen Vorsorge sind aufzuteilen. Im Versorgungsausgleich werden die in der Ehe erworbenen Altersanwartschaften hälftig geteilt, oder die Paare entscheiden sich für eine andere Regelung – etwa, dass der eine Partner seine Versorgungsansprüche aus privaten Versicherungen für sich behält, der andere Partner dafür die Eigentumswohnung übernimmt.

Geschiedene Frauen haben gegebenenfalls auch Anspruch auf nachehelichen Unterhalt, doch dieser ist regelmäßig befristet.

Wenn Sie heiraten wollen oder auch wenn Sie schon verheiratet sind, sollten Sie überlegen, ob Ihnen das als Absicherung für den „Ernstfall" Trennung reicht – zum Beispiel, wenn Sie davon ausgehen müssen, nach längerer Auszeit gar nicht oder nicht gleich den erhofften beruflichen Anschluss zu schaffen.

Wollen Sie mehr Sicherheit als das, was der Gesetzgeber vorsieht, müssen Sie selbst aktiv werden. Wenn Sie zum Beispiel mehr Ausgleich wünschen dafür, dass Sie für die Familie auf Karriere und Einkommen verzichtet haben, können Sie und Ihr Partner das in einem notariell beglaubigten Ehevertrag festhalten.

Dort können Sie außerdem besondere Regelungen zum Güterstand vereinbaren, etwa die Gütertrennung anstatt der Zugewinngemeinschaft. Dann würden für Sie und Ihren Partner die gleichen Grundsätze gelten wie für Singles oder Paare ohne Trauschein. Das heißt: Die Heirat ändert nichts beim Vermögen – was einem Partner allein gehört, gehört weiter ihm allein, auch die Wertsteigerungen werden im Fall der Trennung nicht aufgeteilt. Dies ist allerdings für den Partner, der die Kinderbetreuung übernommen hat, nachteilig, da er weniger Vermögen bilden kann.

→ Vertrag auch ohne Trauschein

Auch wenn Sie mit Ihrem Partner nicht verheiratet sind, können Sie vertragliche Vereinbarungen treffen, um sich gegenseitig abzusichern. Dann sind klare Regelungen sogar noch wichtiger, weil es ohne Trauschein beispielsweise keinen nachehelichen Unterhalt und keinen Versorgungsausgleich gibt. Vertragliche Regeln zum Beispiel zu Ausgleichszahlungen für berufliche Auszeiten bringen frühzeitig Klarheit und mehr Sicherheit.

Finanzen verstehen und im Blick behalten

Frauen, die finanziell auf eigenen Füßen stehen wollen, haben bessere Karten, wenn sie sich selbst mit Themen wie Geldanlage, Altersvorsorge, Versicherungen und Steuern intensiver beschäftigen. Auch wenn Sie einen Partner haben, der sich gern um diese Belange kümmert: Es schadet nicht, wenn Sie zum Beispiel die eigene Gehaltsabrechnung verstehen. Welche Steuerklasse bringt am meisten Nettogehalt? Ist es immer die beste Wahl, wenn der Partner Steuerklasse III wählt? Was bringen Steuerfreibeträge?

Eigenes Wissen hilft ebenfalls, wenn Sie sich um Ihre Altersvorsorge kümmern: Um bestmöglich von staatlicher Förderung profitieren zu können, sollten Sie wissen, welche Förderung es überhaupt gibt und wie Sie sie bekommen können.

Uns geht es gut!
Einkommen und Ersparnisse im Blick, keine Angst vor Anlageentscheidungen, Klarheit in rechtlichen Fragen: Das sind wichtige Voraussetzungen, um finanziell auf eigenen Füßen zu stehen.

Auch wenn Sie kurz- oder mittelfristig Geld anlegen wollen, sollten Sie sich vor der Investition informieren, zum Beispiel darüber, um was für ein Anlageprodukt es sich handelt, welche Risiken mit dem Investment verbunden sind und wann Sie wieder über das Geld verfügen können.

Eigene Ersparnisse und eigene Versorgung im Alter

Ob alleinstehend, getrennt oder in einer glücklichen Partnerschaft: Das Ziel der finanziellen Unabhängigkeit sollten Sie nicht nur heute haben, sondern auch für die Zeit nach dem Arbeitsleben.

Hier zeigt sich jedoch eine besondere Herausforderung, der sich viele Frauen noch mehr als Männer stellen müssen: Wer heute weniger verdient, wird im Alter auch weniger gesetzliche Rente bekommen. Staatliche Hilfen wie die Kindererziehungszeiten helfen zwar, dass die Rentenlücke nicht zu groß wird, dennoch müssen viele Frauen und gerade Mütter mit deutlich niedrigeren Renten rechnen als Männer. Umso wichtiger wird die private Vorsorge!

Wenn Sie in einer glücklichen Partnerschaft leben, mag der erste Gedanke immer „wir" sein: Wir haben die Summe x als Notfallpolster. Oder „unsere" Renten werden zusammen schon reichen. Doch dabei sollten Sie es nicht belassen. Schauen Sie nicht nur auf das Gesamtergebnis, wenn Sie sich einen Überblick über Ihre Finanzen im Alter und über Ihre bisherigen Vorsorgeverträge machen, sondern listen Sie stattdessen die Einnahmen getrennt für beide Partner auf.

Nur so wissen Sie, wie Sie tatsächlich im Ernstfall dastehen würden, wenn Sie im Ruhestand nach einer Trennung oder dem Tod des Partners auf sich allein gestellt sind: Welche eigenen Versorgungsansprüche haben Sie selbst? Auf welche Ersparnisse könnten Sie selbst bauen? Welche Ansprüche auf eine Hinterbliebenenrente hätten Sie, wenn Sie verheiratet sind? Planen Sie an dieser Stelle ein, dass eine Witwenrente meist nicht überragend hoch ausfallen wird (siehe „Schutz für Hinterbliebene", S. 101).

Zeigt der Finanzcheck, dass Ihre eigenen Versorgungsansprüche deutlich niedriger sind als die Ihres Partners, brauchen Sie zusätzliche Einnahmen im Alter. Überlegen Sie, was dafür infrage kommt – vielleicht ein auf Ihren Namen laufender Sparplan auf ETF (= Exchange Traded Funds; siehe S. 125), in den Ihr Partner mit einzahlt?

Ausreichend und gut versichert

Zur finanziellen Unabhängigkeit gehört außerdem, dass Sie passenden Versicherungsschutz haben. Manche Versicherungen sind gesetzlich vorgeschrieben wie die Krankenversicherung – entweder gesetzlich oder privat. Dazu gibt es weitere Versicherungen, die für alle oder je nach Lebenssituation unbedingt sinnvoll sind. So sollte jeder, der berufstätig ist, wenn möglich den Verlust seiner Arbeitskraft finanziell absichern. Das funktioniert am besten mit einer privaten Berufsunfähigkeitsversicherung. Wer andere zu versorgen hat, schafft mit einer Risikolebensversicherung zusätzliche Sicherheit.

Auch gegen weitere Risiken sollten Sie sich mithilfe privater Versicherungen wappnen, zum Beispiel mit einer Privathaftpflichtversicherung als Schutz, falls Sie andere schädigen. Eine Übersicht zu wichtigen und weniger wichtigen Versicherungen finden Sie im „Versicherungs-Check" auf S. 138).

Abgesichert, falls die Liebe scheitert

In rosigen Zeiten denkt niemand gerne an Trennung. Doch die Statistiken zeigen, dass es kein Fehler ist, sich vertraglich für diesen Ernstfall zu wappnen.

→ **Die genannten Schritte** zur finanziellen Unabhängigkeit zeigen es: Gerade nach einer Trennung oder beim Tod des Partners kann es für manche Frau finanziell eng werden. Womöglich reichen die gesetzlichen Schutzmechanismen wie Versorgungsausgleich und Zugewinnausgleich nicht aus. Vor allem der fehlende Anspruch auf Unterhaltszahlungen kann für manche Frau, die keine kleinen Kinder mehr hat, zur besonderen Herausforderung werden.

Um sich gegen die finanziellen Folgen der Trennung besser zu wappnen, kann ein notariell beglaubigter Ehe- oder Partnerschaftsvertrag sinnvoll sein und helfen, für den Fall einer Trennung gerechtere Lösungen zu finden. Doch in der öffentlichen Meinung hat so ein Ehevertrag eher einen schlechten Ruf: „Von wegen Liebesheirat!" Oder: „Müsst Ihr Euch ein Hintertürchen offenhalten?" Paare, die einen Ehevertrag abschließen, stoßen nicht selten auf Unverständnis im Freundeskreis, werden zumindest etwas misstrauisch beäugt. Doch so unromantisch ein solcher Vertrag erscheinen mag, er kann absolut sinnvoll sein, sagt Dr. Undine Krebs, Fachanwältin für Familienrecht (siehe „Ehevertrag – besser als sein Ruf", S. 51).

Finanzielle Absicherung für gemeinsame Kinder

Auch wenn Sie selbst nach der Trennung keinen Anspruch auf Unterhalt (mehr) haben: Wenn Sie und Ihr Expartner Kinder haben, muss er zumindest für den Nachwuchs zahlen, solange die Kinder nicht volljährig sind. Der Elternteil, bei dem das Kind nicht wohnt, ist zu regelmäßigen Unterhaltszahlungen verpflichtet.

Die Höhe des Unterhaltsanspruchs können Sie mithilfe der „Düsseldorfer Tabelle" ermitteln – einer Leitlinie für Unterhaltsansprüche, die das Düsseldorfer Oberlandesgericht gemeinsam mit anderen Gerichten erstellt hat. Die Tabelle zeigt an, wie hoch der Unterhaltsanspruch eines Kindes je nach Alter und Nettoeinkommen des Unterhaltspflichtigen ist.

Wenn der getrennt lebende Vater zum Beispiel netto 2500 Euro im Monat verdient, ergibt sich 2018 ein Mindestbedarf für sein Kind im Alter von 0 bis 5 Jahren von monatlich 383 Euro. Auf diesen Mindestbedarf werden Kindergeld und Freibeträge, zum Beispiel der Eigenbedarf des Unterhaltspflichtigen, angerechnet. So lässt sich der tatsächlich vom Vater zu zahlende Betrag ermitteln.

→ Düsseldorfer Tabelle

Auf der Internetseite www.olg-duesseldorf.nrw.de finden Sie die aktuelle „Düsseldorfer Tabelle". An ihr können Sie sich orientieren, wenn Sie ermitteln wollen, wie hoch der Unterhaltsanspruch für Ihr Kind ist. Sie finden die Übersicht über den „Schnellzugriff" auf der Startseite.

Doch trotz des gesetzlichen Unterhaltsanspruchs: Immer wieder kommt es vor, dass der Partner nicht wie erwartet oder verpflichtet zahlt: Die Bertelsmann Stiftung hat 2016 ermittelt, dass 50 Prozent der Alleinerziehenden gar keinen Unterhalt für ihre Kinder bekommen und 25 Prozent nur unregelmäßig Zahlungen erhalten oder weniger als Ihnen zusteht.

Alleinerziehende sollten sich dann an das Jugendamt wenden, um dort einen Unterhaltsvorschuss zu beantragen. Dieser beträgt für Kinder bis 5 Jahre 154 Euro im Monat. Ab dem 6. Geburtstag steigt der Satz auf 205 Euro, ab dem 12. Geburtstag bis zur Volljährigkeit auf 273 Euro im Monat. Der Ha-

Wer kennt sich aus?

Lassen Sie sich von einem Fachanwalt für Familienrecht zu den möglichen vertraglichen Regelungen als Ehepaar oder auch ohne Trauschein beraten. Zudem finden Sie im Ratgeber „Sich trauen" der Stiftung Warentest detaillierte Informationen rund um den Ehevertrag und viele weitere Tipps für Brautpaare. Sie erhalten den Ratgeber unter www.test.de/shop.

ken: Wenn Sie Hartz-IV-Leistungen beziehen, wird der Unterhaltsvorschuss auf diese Leistung angerechnet.

Das Sorgerecht ändert sich nicht automatisch

Trotz Trennung ändert sich nicht automatisch etwas am gemeinsamen Sorgerecht, wenn Eltern es vorher zusammen hatten. Nur wenn die Eltern das Familiengericht einschalten, kann dieses die Erklärung über die gemeinsame Sorge aufheben. Bleibt das gemeinsame Sorgerecht bestehen, entscheiden beide leiblichen Eltern trotz räumlicher Trennung weiter gemeinsam über wichtige Fragen rund ums Kind, zum Beispiel über die Eröffnung eines Kontos oder über eine nötige Operation. Alltagsfragen wie Taschengeld, Fernsehkonsum oder Schlafenszeit darf der Elternteil allein bestimmen, bei dem das Kind hauptsächlich wohnt.

Selbst wenn Sie mit neuen Partnern zusammenleben, behalten beide leiblichen Eltern das gemeinsame Sorgerecht für ihr Kind. Wer als Stiefelternteil mit dem Kind zusammenlebt, hat keine Entscheidungsbefugnisse, es sei denn, ihm oder ihr liegt eine Vollmacht von beiden leiblichen Elternteilen vor. Dann bekommt der Stiefvater oder die Stiefmutter Erziehungs- und Mitspracherechte.

Haben Sie als Mutter hingegen das alleinige Sorgerecht, kann Ihr neuer Partner bei alltäglichen Fragen mitentscheiden, wenn Sie damit einverstanden sind.

Adoption bringt mehr Rechte

Die vollen Entscheidungsbefugnisse erhalten Stiefvater oder Stiefmutter aber erst, wenn sie ein Kind adoptieren. Dann stehen dem „neuen" Elternteil per Gesetz alle Rechte wie leiblichen Eltern zu sowie auch der Anspruch auf die gesetzlichen Leistungen, etwa Kinder- und Elterngeld. Das Kind hat nach der Adoption die gleiche Stellung wie ein gemeinschaftliches Kind.

Die Adoption eines Stiefkindes ist in aller Regel aber nur mit Einwilligung beider leiblichen Elternteile möglich. Nur unter ganz bestimmten Voraussetzungen, etwa wenn der zweite leibliche Elternteil nicht auffindbar ist, geht es ohne dessen Einwilligung. Ist das Kind 14 Jahre oder älter, muss es selbst der Adoption zustimmen.

„Ehevertrag – besser als sein Ruf“

Vertraglich lässt sich zum Beispiel regeln, wie entgangene Karrierechancen ausgeglichen werden, sagt **Dr. Undine Krebs,** Fachanwältin für Familienrecht aus München.

Frau Dr. Krebs, ist es nicht unromantisch, mit besonderen Vereinbarungen für die Trennung in die Ehe zu starten?
Unromantisch vielleicht, aber durchaus klug. Allein schon, wenn sich Paare zum Thema Ehevertrag beraten lassen, gehen sie einen wichtigen Schritt. Denn in dem Gespräch kommen viele Vorstellungen und Wünsche in Finanzangelegenheiten auf den Tisch. Die Partner haben vor der Hochzeit wichtige Fragen besprochen, selbst wenn es letztlich doch nicht zum Ehevertrag kommt.

Also hat der Ehevertrag seinen eher schlechten Ruf nicht verdient?
Nein, auf keinen Fall. Es ist so: Auch wenn Paare keinen notariell beglaubigten Ehevertrag abschließen, gehen sie bei der Hochzeit ja trotzdem einen Vertrag ein – sie unterschreiben quasi die Regelungen, die der Gesetzgeber bezüglich Unterhalt, Güterstand und Versorgungsausgleich vorsieht. Doch diese gesetzlichen Regelungen passen nun mal nicht auf jede Beziehung, und deshalb ist es für viele Paare sicher sinnvoll, einen Ehevertrag abzuschließen, um die gesetzlichen Vorgaben für sich zu modifizieren.

Für wen empfiehlt sich das besonders, etwa bei Selbstständigen?
Ja, in dem Fall ist es oft sinnvoll, oder etwa wenn ein Partner schon einmal verheiratet war. Aber auch sonst lohnt es sich, darüber nachzudenken. Nehmen wir ein Paar: Der Mann wird der Hauptverdiener, die Frau steckt beruflich für die Familie zurück. Auch dann können vertragliche Vereinbarungen hilfreich sein, zum Beispiel zur Frage, wie nach einer Trennung ihre entgangenen Karrierechancen ausgeglichen werden.

Lässt sich das denn bemessen?
Das ist nicht ganz einfach, aber es geht dann darum, in den Beratungsgesprächen vorab zu überlegen, was sie ohne berufliche Auszeiten erreichen könnte: Wie weit könnte sie es beispielsweise in ihrer derzeitigen Firma bringen, wenn sie ohne Unterbrechungen durcharbeitet? Dann kann das Paar vereinbaren: Wenn sie nach der Trennung nicht die entsprechende Position und das Einkommen hat, muss er die Lücke schließen – soweit es ihm finanziell möglich ist.

Muss es denn gleich ein notarieller Vertrag sein? Reicht es nicht, wenn die Partner einige Vereinbarungen für sich schriftlich festhalten?

Nein, solche privatschriftlichen Vereinbarungen sind formunwirksam. Deshalb ist es sinnvoll, in den richtigen, also gültigen Vertrag zu investieren. Schließlich spart sich das Paar dann im Scheidungsverfahren wiederum Anwaltskosten, wenn aufgrund des vorliegenden Vertrags alles einfacher zu regeln ist.

Und was machen Frauen, die nicht verheiratet sind und sich absichern wollen?

Auch sie können mit ihrem Partner einen notariellen Vertrag aufsetzen lassen. Für sie ist eine rechtliche Absicherung besonders sinnvoll, etwa wenn sie beruflich für die Kinder zurückstecken. Schließlich haben die Partner untereinander per Gesetz abgesehen vom Betreuungsunterhalt, der regelmäßig in den ersten drei Jahren nach der Geburt eines gemeinsamen Kindes zu zahlen ist, keine Ansprüche auf Unterhalt und auch nicht auf einen Versorgungsausgleich. Allerdings: Bevor ein Paar ohne Trauschein überlegt, ob es einen notariellen Vertrag aufsetzen lässt, wäre meine erste Frage doch, was gegen eine Hochzeit spricht.

Mehr Klarheit für mich und meine Angehörigen

Nicht nur eine Trennung wirft Fragen auf: Auch eine schwere Krankheit oder der Tod eines Angehörigen kann das eigene Leben auf den Kopf stellen. Rechtliche Vorsorge bringt Sicherheit.

→ **Haben Sie einen Ordner,** in dem Sie alle wichtigen Dokumente wie Versicherungspolicen, Vorsorgevollmacht und Patientenverfügung aufbewahren? Oder haben Sie eigentlich schon lange vor, einen solchen Ordner anzulegen, doch noch haben Sie sich nicht an Themen wie die Folgen einer schweren Erkrankung, Tod und Testament herangetraut?

So ungern wir uns mit solchen Themen auseinandersetzen: Es ist absolut sinnvoll, wenn Sie zum Beispiel eine Lösung suchen für die Frage, wer für Sie entscheidet, wenn Sie es selbst nicht mehr können.

Wenn Sie alleinstehend sind, werden Sie vielleicht an Ihre Geschwister oder an Ihre Eltern denken, die in dem Fall für Sie einstehen. Eventuell haben Sie auch Ihre beste

Sie und Ihr Partner haben getrennte Bankkonten? Sinnvoll ist es, wenn Sie sich gegenseitig Vollmachten erteilen, sodass der eine Partner wenn nötig Bankgeschäfte für den anderen erledigen kann. Mittlerweile erkennen viele Banken und Sparkassen dafür eine einfache Vorsorgevollmacht des Kontoinhabers an, wenn der Bevollmächtigte sie im Original vorlegen kann. Es kann aber auch sein, dass eine Bank institutseigene Formulare zum Erteilen einer Vollmacht vorsieht. Erkundigen Sie sich bei Ihrer Bank oder Sparkasse, wie sie in dieser Frage vorgeht.

Freundin im Sinn oder Ihren derzeitigen Partner, mit dem Sie fest liiert sind. Wenn Sie verheiratet sind, erscheint es naheliegend, dass Ihr Partner für Sie und in Ihrem Sinn entscheiden wird.

Doch ganz so einfach ist es nicht. Denn Ihre nächsten Angehörigen dürfen nicht automatisch für Sie wichtige Entscheidungen treffen – auch dann nicht, wenn Sie miteinander verheiratet sind. Liegen Sie beispielsweise nach einem Unfall im Krankenhaus und sind nicht ansprechbar sind, dürfen Ihre Eltern, Geschwister, Freunde und selbst der Ehepartner nur Entscheidungen für Sie treffen, wenn Sie diese Personen ausdrücklich dazu bevollmächtigt haben. Mit einer „Vorsorgevollmacht“ können Sie hier Klarheit schaffen.

Ohne eine Vollmacht wird beispielsweise dem Krankenhaus nach einem Unfall nichts anderes übrig bleiben, als sich an das Betreuungsgericht (eine Abteilung des Amtsgerichts) zu wenden, damit es einen gesetzlichen Vertreter für Sie bestimmt, wenn Sie selbst nicht dazu in der Lage sind, Entscheidungen zu treffen.

Diesen Vorgang können Sie sich und Ihren Angehörigen ersparen, wenn Sie einer vertrauten Person eine Vorsorgevollmacht ausstellen. Damit ist die benannte Person zum Beispiel berechtigt, in Ihrem Namen einer Operation oder der weiteren Behandlung zuzustimmen, Geldgeschäfte für Sie zu übernehmen oder für Sie Leistungen bei der Krankenkasse zu beantragen. Diese Person kann natürlich Ihr Ehe- oder Lebenspartner sein, doch erst mit der ausdrücklichen Vollmacht erhält er oder sie die nötigen Befugnisse.

Solange Sie in einer glücklichen Beziehung leben oder guten Kontakt zu Ihren Eltern oder einer anderen bevollmächtigten Person haben, müssen Sie sich nicht weiter um Ihre einmal aufgesetzte Vollmacht kümmern. Doch wenn Sie sich trennen, Ihr Partner stirbt oder der Kontakt zu Ihrer Familie abreißt, sollten Sie daran denken, die Vollmacht zu aktualisieren.

Wer kennt sich aus?

Ob Patientenverfügung, Sorgerechtsverfügung oder Vorsorgevollmacht: Es sind schwierige Themen, über die niemand gerne nachdenkt! Nehmen Sie sich Zeit und lassen Sie sich von einem Rechtsanwalt oder Notar beraten, ehe Sie die Vollmachten erstellen. Fragen Sie im Freundeskreis, ob Sie jemanden empfehlen können. Oder fragen Sie bei den Rechtsanwaltskammern nach Experten in Ihrer Nähe. Die Stiftung Warentest hat in ihrem „Vorsorge-Set" alle wichtigen Informationen zu diesem Thema zusammengefasst. Dort finden Sie auch die nötigen Formulare und Ausfüllhilfen, erhältlich unter www.test.de/shop.

Betreuungsverfügung eine mögliche Alternative

Handeln sollten Sie auch, wenn Sie beispielsweise nach einer Trennung oder dem Tod Ihrer Vertrauensperson niemanden haben, den Sie in der Vorsorgevollmacht einsetzen würden. Oder Sie haben jemanden, etwa Ihre Eltern, doch sie leben einige Hundert Kilometer weit weg?

In dieser Situation bietet es sich an, dass Sie eine Betreuungsverfügung aufsetzen. Als Betreuer können auch Fremde infrage kommen, etwa die Mitglieder eines Betreuungsvereins. Solche Vereine gibt es mittlerweile in vielen Städten und Gemeinden.

Zwischen der Vorsorgevollmacht und der Betreuungsverfügung gibt es einen entscheidenden Unterschied: Wer als Betreuer eingesetzt wird, steht anders als der Bevollmächtigte unter der Kontrolle des Gerichts und muss einmal im Jahr einen Überblick zur Situation des Betreuten geben, auch zu seinen Finanzen.

Keine Angst vor der Patientenverfügung

Wenn Sie schon einmal dabei sind, rechtliche Klarheit zu schaffen, sollten Sie ein weiteres, eher unbequemes Thema angehen und sich um eine Patientenverfügung kümmern. In diesem Dokument können Sie im Voraus festlegen, in welche medizinischen Behandlungen Sie in bestimmten Fällen einwilligen und welche Sie ablehnen.

Nehmen Sie sich für das Aufstellen dieser Verfügung die Zeit, die Sie brauchen. Informieren Sie sich, wenn Sie unsicher sind. Verschiedene Einrichtungen wie Betreuungsgerichte oder Wohlfahrtsverbände bieten regelmäßig Vorträge zum Thema an. Je konkreter die Formulierungen in der Verfügung sind, desto besser. Denn damit machen Sie es der Person, die für Sie Entscheidungen treffen soll, und den behandelnden Ärzten einfacher, tatsächlich in Ihrem Sinne vorzugehen. Die Verfügung ist bindend. Haben Sie per Vorsorgevollmacht einen Bevollmächtigten eingesetzt oder vertritt Sie ein Betreuer, sorgen diese als Ihre Vertreter dafür, dass Ihr Wille umgesetzt wird. Deshalb sollte dem Betreuer oder Bevollmächtigten auch Ihre Patientenverfügung vorliegen.

Als Eltern noch mehr machen

Sobald Sie Kinder haben, empfiehlt es sich, für einen weiteren Notfall Klarheit zu schaffen: Wer kümmert sich um die Kinder, wenn Ihnen etwas passiert?

Haben die Eltern das gemeinsame Sorgerecht und ein Elternteil stirbt, erhält automatisch der andere das alleinige Sorgerecht für Kind oder Kinder. Hatte der verstorbene Elternteil das alleinige Sorgerecht, überträgt das Familiengericht es dem anderen Elternteil – es sei denn, dies würde dem Kindeswohl widersprechen. Wollen Sie verhindern, dass Ihr Expartner im Ernstfall das Sorgerecht bekommt, können Sie dies in einer Sorgerechtsverfügung festlegen.

Diese Verfügung ist auch sinnvoll, wenn Sie von vornherein klären wollen, wer die Vormundschaft für Ihre Kinder übernimmt, wenn beide Elternteile sterben sollten.

Die Sorgerechtsverfügung müssen Sie komplett per Hand schreiben. Das Datum darf nicht fehlen, und Ihre Unterschrift mit Vor- und Zunamen ist nötig. Eine Beispielformulierung finden Sie auf www.test.de/familienset-vorlagen.

Den Nachlass regeln

Zur rechtlichen Vorsorge gehört darüber hinaus, für Klarheit zu sorgen, wer nach Ihrem Tod was bekommen soll. Mithilfe eines Testaments können Sie Streit in der Familie vermeiden.

Denn wer kennt sie nicht, die Geschichten über Geschwister, die sich nach dem Tod der Eltern komplett wegen des Erbes in die Haare geraten? Oder von hinterbliebenen Ehepartnern, die sich mit den Kindern überworfen haben, weil es unterschiedliche Vorstellungen darüber gibt, was etwa aus dem Haus der Eltern, dem sogenannten Familieneigenheim, werden soll.

Mit einer Risikolebensversicherung sichern Sie Ihre Kinder finanziell ab, für den Fall, dass Ihnen und/oder Ihrem Partner oder der Partnerin etwas zustößt! Der Schutz ist im Vergleich zu vielen anderen Versicherungen nicht besonders teuer und für alle, die für andere sorgen, absolut sinnvoll (siehe „Schutz für meine Angehörigen", S. 147). Sinnvoll ist die Versicherung auch, wenn Sie und Ihr Partner oder Ihre Partnerin sich gegenseitig finanziell absichern wollen.

Mithilfe eines Testaments oder Regelungen in einem Erbvertrag lassen sich solche familiären Streitereien vermeiden. Zudem bringt ein Testament Sicherheit und schafft Klarheit für Partner, die ohne Trauschein miteinander leben.

Um nachzuvollziehen, welche Bedeutung ein geregelter Nachlass hat, stellen wir zunächst vor, was ohne Testament gilt.

Wenn ein Verstorbener vorab keine eigenen Regelungen für seinen Nachlass getroffen hat, greift die gesetzliche Erbfolge, also die Regelungen des Bürgerlichen Gesetzbuches. Danach können nur Verwandte sowie der Ehepartner des Verstorbenen etwas bekommen. Das bedeutet: Gilt die gesetzliche Erbfolge, haben als Erstes seine nächsten Angehörigen wie Kinder und Ehepartner Anspruch auf die Vermögenswerte.

Eine Partnerin oder ein Partner ohne Trauschein würde hingegen leer ausgehen.

Die Verwandten zählen per Gesetz zu verschiedenen Gruppen, den „Ordnungen".

- Erben erster Ordnung sind Kinder, Enkel und Urenkel.
- Erben zweiter Ordnung sind Eltern, Geschwister, Nichten und Neffen des Verstorbenen.
- In dritter Ordnung folgen dann Großeltern, Onkel und Tanten sowie Cousins und Cousinen des Verstorbenen.

Der Ehepartner, die Ehepartnerin oder eine eingetragene Lebenspartnerin gehören zwar keiner Ordnung an, doch sie zählen zu den Erben, wenn keine andere Vereinbarung getroffen wurde.

Für die gesetzliche Erbfolge gelten unter anderem folgende Vorgaben:

Wenn es Erben der ersten Ordnung gibt, also zum Beispiel eigene Kinder, sind Angehörige aller weiteren Ordnungen ausgeschlossen. Wenn Sie also beispielsweise eine Tochter haben, erbt sie, und Ihre Nichten und Neffen gehen leer aus. Wenn die eigene Tochter bereits Kinder hat, würden diese Enkel ohne eine anders lautende Regelung ebenfalls leer ausgehen.

Ein Testament wird umso wichtiger, wenn jemand seinen Partner absichern will, mit dem er ohne Trauschein zusammenlebt.

Wie groß der Anteil des Ehepartners am Erbe ist, hängt von verschiedenen Faktoren ab, unter anderem davon, welcher Güterstand vereinbart wurde. Haben die Partner wie die meisten Ehepaare keinen Ehevertrag abgeschlossen, leben sie im Güterstand der Zugewinngemeinschaft. Stirbt dann ein Ehepartner, erbt der andere die Hälfte des Vermögens. Die andere Hälfte teilen sich die Kinder. Bei zwei Kindern erbt also jedes Kind ein Viertel. Hat ein Paar keine Kinder, gehen drei Viertel des Nachlasses an den

Ehepartner, das übrige Viertel an die Eltern des Verstorbenen. Sind diese nicht mehr am Leben, erben die Geschwister.

Sie sind verheiratet und leben in einer glücklichen Familie? Dann werden Sie mit diesen Regelungen der gesetzlichen Erbfolge vermutlich ganz gut leben können. Doch selbst dann ist noch Streitpotenzial da. Der Grund: Ohne genaue Regelung haben alle Erben entsprechend ihres Erbanteils gemeinsam Anspruch auf alle Vermögenswerte. Was, wenn Sie und Ihre Kinder dann unterschiedliche Vorstellungen haben, was etwa aus dem Familienheim werden soll?

Die Situation wird umso schwieriger, wenn Sie nicht in der klassischen Vater-Mutter-Kind-Familie leben, sondern beispielsweise beim Tod des Partners kurz vor der Trennung standen oder ein Patchwork-Familienleben führen.

Beispiel: Carla ist mit Sebastian verheiratet, die beiden haben zwei gemeinsame Töchter. Sebastian hat außerdem aus einer früheren Partnerschaft zwei volljährige Kinder, die bei ihrer leiblichen Mutter aufgewachsen sind. Sollte Sebastian sterben, hätten auch diese beiden Kinder einen Erbanspruch, selbst wenn sie ihren Vater seit Jahren nicht gesehen haben.

Wer bekommt dann wie viel? Ist die Aufteilung zwischen Carla, ihren eigenen Kindern und den zwei weiteren Kindern gerecht? Wie einigen sich alle, wenn es etwa darum geht, eine Immobilie wie zum Beispiel das Familienheim „aufzuteilen“? In so einer Situation ist das Risiko, dass es Streit gibt, sehr groß. Häufig blockieren sich die Erben gegenseitig. So weit muss es nicht kommen, wenn Sie per Testament klare Regelungen treffen.

Ein Testament wird umso wichtiger, wenn jemand seinen Partner absichern will, mit dem er ohne Trauschein zusammenlebt. Denn wenn anders als im vorherigen Beispiel Carla und Sebastian gar nicht verheiratet wären, würde Carla im Fall seines Todes komplett leer ausgehen. Einen gesetzlichen Erbanspruch hätte sie als Lebensgefährtin nicht. Eine Witwenrente aus der gesetzlichen Rentenkasse würde Sie ebenfalls nicht bekommen.

Wichtig ist deshalb: Machen Sie sich – ob mit oder ohne Partner, ob mit oder ohne Trauschein – Gedanken darüber, wer im Ernstfall was bekommen soll, wenn Ihnen oder Ihrem Partner etwas zustößt.

Wer kennt sich aus?

Im Nachlass-Set der Stiftung Warentest finden Sie noch weit mehr Informationen zu Fragen rund um Testament und Erbfolge. Sie erhalten es unter www.test.de/shop. Holen Sie sich fachliche Unterstützung von einem Fachanwalt für Familienrecht oder von einem Notar, wenn Sie Ihren Nachlass regeln wollen.

Einkommen erhöhen

„Und, wie viel verdienst du?" Kaum jemand redet gerne übers Gehalt. Mit Ihrem Arbeitgeber sollten oder müssen Sie aber ab und zu sprechen, wenn Sie mehr Geld wünschen. Suchen Sie einen Zweitjob, sind Regeln zu beachten. Und je nach Lebenslage hilft der Staat eventuell mit.

„Wenn wir Ihr Interesse geweckt haben, bewerben Sie sich unter Angabe Ihrer Gehaltsvorstellungen." So oder so ähnlich liest es sich in vielen Stellenangeboten. Und genau diese Formulierung bringt Bewerber häufig ins Grübeln: Welchen Wert soll ich im Bewerbungsschreiben nennen?

Ähnlich läuft es dann im Vorstellungsgespräch: Wenn nach den Gehaltswünschen gefragt wird, lauert häufig eine Zwickmühle. Auf der einen Seite steht die Angst, zu viel Gehalt zu verlangen und deshalb aus dem Rennen um die Stelle zu sein, auf der anderen Seite die Sorge, sich unter Wert zu verkaufen, um dann jahrelang hinter den eigenen Gehaltswünschen hinterherzulaufen.

Und selbst wenn Sie schon Jahre beim selben Arbeitgeber sind: Das komische Gefühl, wenn es um Gehaltsfragen geht, bleibt oft bestehen. Doch wenn Sie bei Ihrem Arbeitgeber bleiben und mehr Gehalt wollen, müssen Sie meistens selbst aktiv werden. Denn einen Rechtsanspruch darauf, dass sich das Gehalt automatisch erhöht, haben Sie nicht, wenn für Ihren Arbeitgeber kein Tarifvertrag gilt. Mit Tarifvertrag haben Sie zumindest die Gewissheit, dass Sie von den Gehaltssteigerungen profitieren, die Arbeitgeber und Gewerkschaften ausgehandelt haben. Doch auch dann gibt es sicher ab und an Gesprächsbedarf: etwa zu Bonuszahlungen oder anderen Extras.

30 SEKUNDEN FAKTEN

17,44 €

Das ist der Durchschnittsstundenlohn aller in Deutschland Beschäftigten 2016. Die Verdienste in manchen „Frauen-Berufen", liegen zum Teil deutlich darunter.

9 €

Das verdienen Friseure und Kosmetiker im Schnitt pro Stunde.

16,50 €

Auch Erzieher und Sozialarbeiter liegen mit ihrem Stundenlohn unter dem Durchschnittswert.

61 €

Spitzenverdiener sind Piloten, gefolgt von Zahn-/Humanmedizinern mit rund 41 € pro Stunde.

Quelle: Statistisches Bundesamt

Was ein höheres Bruttogehalt letztlich bringen kann, zeigt folgende Rechnung:
Beispiel: Christina ist 40 Jahre alt und verdient 3156 Euro brutto im Monat. Das ist das Durchschnittseinkommen aller Beitragszahler in der deutschen Rentenversicherung. Netto bleiben ihr je nach Krankenkasse in Steuerklasse I rund 2015 Euro am Monatsende.

Nach vielen Jahren im Betrieb wünscht sich Christina endlich mehr Geld – schließlich hat sie heute mehr Verantwortung als früher. Außerdem hat sie zufällig erfahren, dass ein neuer Kollege in ähnlicher Position 3500 Euro brutto verdient – knapp 11 Prozent mehr als sie. Gelänge es ihr, ebenfalls diesen Bruttolohn auszuhandeln, könnte sie netto rund 2190 Euro einstreichen.

Auch bei der Rente hätte sie einen deutlichen Vorteil, wenn sie in den nächsten 27 Jahren rund 10 Prozent mehr als bisher verdienen würde. Die Rechenregeln für die Rente stellen wir ab S. 97 unter „Das 1 x 1 der Renten" vor. 27 Jahre Arbeit mit Durchschnittsverdienst brächten ihr nach derzeitigem Stand etwa 837 Euro Monatsrente. 27 Jahre mit dem um 10 Prozent höheren Verdienst brächten ihr einen Anspruch von rund 920 Euro Monatsrente.

Zugegeben: Gehaltserhöhungen von 10 Prozent oder mehr sind sicher eher selten auszuhandeln. Doch selbst wenn es nach einem Gespräch mit dem Chef 3 oder 5 Prozent mehr Brutto sind, zahlt sich das heute und auf Dauer aus.

Mehr Brutto aushandeln

Nehmen Sie Ihren Mut zusammen: Wenn Sie mehr Geld wollen, ist vieles Verhandlungssache. Mit einer guten Vorbereitung steigen Ihre Chancen.

Bekommen Sie feuchte Hände, sobald Sie an das nächste Mitarbeitergespräch denken? Fällt es Ihnen schwer, mit dem Vorgesetzten über Geld zu sprechen und Ihre eigenen Leistungen in den Vordergrund zu stellen? Damit stehen Sie sicher nicht allein!

Trotzdem: Wenn Sie wollen, dass Ihre Arbeit besser honoriert wird, können Sie solchen Gesprächen auf Dauer nicht aus dem Weg gehen. Bereiten Sie sich darauf vor: Überlegen Sie sich Argumente für eine Gehaltserhöhung – schreiben Sie sie für sich auf, wenn Sie sich dann sicherer fühlen.

Gute Argumente können zum Beispiel ein erfolgreich abgeschlossenes Projekt sein oder, wenn Sie zusätzliche Aufgaben übernommen haben. Eine Argumentationshilfe kann es übrigens auch sein, wenn Sie wissen, was die Kollegen verdienen.

Jetzt überlegen Sie vielleicht: Ist es denn überhaupt erlaubt, sich mit den Kollegen über das Gehalt auszutauschen? Ja, das kann der Arbeitgeber seinen Mitarbeitern nicht verbieten, sagt Dr. Nathalie Oberthür, Fachanwältin für Arbeits- und Sozialrecht in Köln (siehe Interview „Chef, wir müssen reden!“, S. 62).

Geschenk statt Geld

Wenn es mit der zusätzlichen Geldleistung nicht klappt, können Sie mit Ihrem Arbeitgeber eventuell zumindest bestimmte Sachleistungen aushandeln, zum Beispiel das Monatsticket für Bus und Bahn, einen Zuschuss zur Kinderbetreuung oder ein neues Handy, das Sie sich sonst selbst gekauft hätten. Solche geldwerten Extras sind häufig ein gutes Geschäft – für Sie und meist auch für Ihren Arbeitgeber. Der Vorteil: Solche Extras können Sie – anders als bei einer reinen Geldleistung – erhalten, ohne dafür Steuern und Sozialabgaben zahlen zu müssen. Und auch Ihr Arbeitgeber profitiert, denn er kann sich im Vergleich zur Gehaltserhöhung ebenfalls Abgaben sparen:

Beispiel: Miriam verdient 4 200 Euro brutto im Monat. Im Dezember 2017 sollte sie 800 Euro Sonderprämie erhalten. Hätte ihr Chef diese zusammen mit dem Gehalt abgerechnet, wären der PR-Expertin von der Prämie nur etwa 400 Euro netto geblieben.

Deshalb hat sie mit ihrem Chef vereinbart, dass die Firma ihr ein Notebook für 640 Euro schenkt – das hätte sie sich sonst selbst gekauft. Auch wenn der Wert unter den versprochenen 800 Euro liegt, war es für Miriam ein gutes Geschäft. Denn für die Sachleistung im Wert von 640 Euro musste sie keine Steuern und Sozialabgaben zahlen, sodass sie am Ende mehr davon hatte, als wenn sie die rund 400 Euro zusätzliches Nettogehalt gewählt hätte. Auch für ihren Chef ging die Rechnung auf. Er musste für das Notebook zwar 160 Euro Pauschalsteuer an das Finanzamt (25 Prozent von 640 Euro) zahlen, aber keine Sozialabgaben. Somit blieb es für ihn bei Ausgaben von 800 Euro.

→ Extras zum Gehalt

Die Liste der möglichen geldwerten Vorteile ist lang und reicht vom Bahnticket über Strom fürs Elektroauto bis hin zum Essensgutschein und zur Übernahme von Kosten für eine Kinderfrau, die kurzfristig ihr erkranktes Kind betreut. Eine Übersicht finden Sie zum Beispiel im Finanztest-Spezial Steuern 2018 (www.test.de/shop).

„Chef, wir müssen reden!"

Mehr Gehalt ist oft Verhandlungssache, aber der Arbeitgeber ist nicht verpflichtet, gleichen Lohn für gleiche Arbeit zu zahlen, sagt **Dr. Nathalie Oberthür,** Fachanwältin für Arbeits- und Sozialrecht aus Köln.

Frau Dr. Oberthür, ein bevorstehendes Gespräch mit dem Chef macht viele Frauen nervös. Aber ohne direktes Gespräch wird es meist wohl nichts mit der erhofften Gehaltserhöhung?
Das stimmt, denn rechtlich gilt: Wenn der Arbeitsvertrag geschlossen ist, steht auch das Gehalt fest. Soll es geändert werden, muss der Vertrag in gegenseitigem Einvernehmen geändert werden. Deshalb geht es häufig nicht ohne das direkte Gespräch mit dem Arbeitgeber. Es sei denn, im Arbeitsvertrag wurde zu bestimmten Zeiten eine automatische Gehaltserhöhung vereinbart. Oder das Unternehmen ist an einen Tarifvertrag gebunden, und dieser sieht Gehaltserhöhungen für die Mitarbeiter vor.

Angenommen, für eine Angestellte gilt: kein Tarifvertrag und keine automatischen Lohnsteigerungen per Arbeitsvertrag. Kann sie von ihrem Chef regelmäßig ein Mitarbeitergespräch inklusive Gehaltsfrage verlangen?

Nein, es sei denn es gibt eine Betriebsvereinbarung, die ein Gespräch in regelmäßigen Abständen vorsieht. Ansonsten ist es Verhandlungssache, und die Frau, die so ein Gespräch möchte, sollte auf ihren Arbeitgeber zugehen.

Eine Garantie auf mehr Geld gibt es dann aber leider nicht?

Nein, nach dem Gesetz nicht. Auch das ist Verhandlungssache. Die Beschäftigten sollten schon gute Argumente haben, zum Beispiel ein erfolgreich abgeschlossenes Projekt, gute Leistungen, mehr Verantwortung. Auch wenn die letzte Gehaltserhöhung lange her ist, ist das ein Argument.

Ist es auch ein Pluspunkt, wenn eine Frau weiß, dass ihre neue Kollegin mit vergleichbaren Aufgaben monatlich 500 Euro mehr verdient? Oder darf eine Beschäftigte gar nicht wissen, wie viel die anderen bekommen?

Doch, die Angestellten dürfen es wissen. Heißt es im Arbeitsvertrag, dass der Mitarbeiter zur Verschwiegenheit über sein Gehalt verpflichtet ist, ist diese Klausel unzulässig. Auch wenn Kollegen untereinander nicht gern über Geld sprechen – verboten ist es nicht. Und: Das Wissen über die Gehaltsstruktur im Unternehmen kann tatsächlich hilfreich sein, um zu argumentieren und auf eine gerechtere Bezahlung hinzuwirken. Doch ein Muss ist die Gehaltserhöhung deshalb noch lange nicht: Es gilt für den Arbeitgeber kein rechtlicher Grundsatz „Gleicher Lohn für gleiche Arbeit".

Aber was ist, wenn nicht einer, sondern viele oder alle in einer vergleichbaren Position mehr verdienen als ich?

Dann könnte sich doch ein Anspruch auf mehr Gehalt ergeben, wenn der Grundsatz der Gleichbehandlung verletzt ist. Das gilt auch, wenn sich herausstellen sollte, dass die Struktur der Vergütung im Unternehmen eine Geschlechtergruppe benachteiligt, also zum Beispiel die Frauen gegenüber den Männern. Aber das ist häufig nicht so einfach nachzuweisen. In Betrieben mit mehr als 200 Beschäftigten haben Frauen durch das Entgelttransparenzgesetz zwar seit einiger Zeit einen Anspruch darauf, Auskunft über das Gehalt der männlichen Mitarbeiter mit vergleichbaren Aufgaben zu bekommen. Diese Auskunft bezieht sich allerdings nur auf den Mittelwert und ist damit häufig nicht sonderlich aussagekräftig.

Einige Informationen über die Vergütungsstruktur im Unternehmen sollte ich wohl auch haben, wenn ich mich neu bewerbe, oder?

Ja, wenn Sie in der Bewerbung oder im Vorstellungsgespräch nach Ihren Gehaltsvorstellungen gefragt werden, ist es hilfreich, sich vorher zu informieren, was in der Branche oder auch beim gewünschten Arbeitgeber üblicherweise gezahlt wird; so vermeiden Sie, deutlich darunter zu liegen. Denn wiederum gilt: Was letztlich im Arbeitsvertrag vereinbart wird, können Sie nicht automatisch ändern – über mehr Gehalt müssen Sie erneut verhandeln.

Mehr Brutto durch mehr Arbeitszeit

Von Vollzeit auf Teilzeit zu reduzieren ist häufig gar nicht so schwer. Der Weg zurück kann allerdings beschwerlich werden.

In vielen Familien ist die Situation klar: Solange die Kinder klein sind, muss mindestens ein Elternteil die Arbeitszeit reduzieren, damit das Familienleben einigermaßen rund läuft.

Deshalb ist ein Teilzeitjob gerade für viele Mütter die gern genutzte Möglichkeit, um Arbeit und Familienleben zu meistern. Der Wechsel von Vollzeit auf Teilzeit ist häufig rechtlich nicht allzu schwierig: Anspruch, ihre Arbeitszeit zu reduzieren, haben alle Frauen, die seit mindestens sechs Monaten in einem Betrieb mit mehr als 15 Mitarbeitern beschäftigt sind. Ihnen kann der Arbeitgeber den Wunsch auf Teilzeit nur aus betrieblichen Gründen verweigern, etwa wenn es zu hohe Kosten verursachen würde, die Stunden anderweitig zu vergeben.

Wenn Sie in der bis zu drei Jahre andauernden Elternzeit nach der Geburt eines Kindes Teilzeit arbeiten wollen, müssen Sie diese spätestens sieben Wochen vor dem Starttermin beantragen. Ansonsten gilt eine Frist von 13 Wochen.

Nach Ende der bis zu drei Jahre dauernden Elternzeit haben Sie Anspruch darauf, zu Ihrer früheren Arbeitszeit zurückzukehren. Doch gerade viele Mütter wollen oder können das nicht. Sie wollen wenn möglich weiter Teilzeit arbeiten. Genau das kann zum Problem werden, denn außerhalb der Elternzeit haben Sie zumindest derzeit per Gesetz keinen Anspruch darauf, dass die Teilzeit befristet wird. Pläne, das Gesetz zu ändern und das Recht auf befristete Teilzeit zu schaffen, gab und gibt es zwar, doch sie wurden bis Redaktionsschluss für diesen Ratgeber nicht umgesetzt. Mit anderen Worten: Am liebsten würden Sie zum Beispiel noch bis zum vierten Geburtstag Ihres Kindes Teilzeit arbeiten, doch Sie haben derzeit per Gesetz keine Garantie, dass Ihr Arbeitgeber Ihnen dann zum gewünschten Zeitpunkt Ihre zusätzlichen Arbeitsstunden zurückgibt.

Vielleicht arbeiten Sie in einem Betrieb, der an einen entsprechenden Tarifvertrag gebunden ist, und haben dadurch ein Anrecht auf befristete Teilzeitarbeit. Vielleicht haben Sie auch die Möglichkeit, mit dem Betrieb die befristete Teilzeit auszuhandeln. Doch wenn beides nicht möglich ist, kann es Ihnen passieren, dass Sie noch nach Jahren in der Teilzeitfalle festsitzen.

Mehr arbeiten – ja oder nein?
Es kann natürlich sein, dass Sie gar keine Chance haben, Ihr Arbeitspensum aufzustocken – entweder, weil Ihr aktueller Arbeitgeber nicht mehr Stunden zur Verfügung hat, weil Sie auch keinen neuen Arbeitgeber mit entsprechendem Angebot finden oder weil Sie etwa als Alleinerziehende gar nicht die organisatorische Möglichkeit haben, mehr zu arbeiten. Doch wenn sich die Chance auf mehr Arbeitszeit bietet, zahlt es sich häufig aus, zuzugreifen:
Beispiel: Anne ist 47 Jahre alt. Sie hat zwei Kinder – 15 und 13 Jahre alt – und arbeitet derzeit auf einer halben Stelle. Sie verdient knapp 1580 Euro brutto im Monat. Netto bringt ihr das bei Steuerklasse IV knapp 1160 Euro. Würde sie auf 30 Arbeitsstunden pro Woche erhöhen und dann 2370 Euro brutto verdienen, bekäme Sie immerhin rund 1600 Euro netto ausgezahlt.

Das höhere Bruttogehalt lohnt sich auch in Sachen Rente: Ein Monatsverdienst von 1580 Euro brutto entspricht 2018 etwa der Hälfte des Durchschnittseinkommens aller Beitragszahler in der Rentenversicherung. Dieses eine Jahr Arbeit bringt Anne damit nach derzeitigem Stand je nach Wohnort (Ost/West) 15 bis 15,50 Euro Altersrente im Monat. Wenn sie in den nächsten 20 Jahren bis Rentenbeginn immer die Hälfte des Durchschnittseinkommens verdient, erreicht sie nach derzeitigem Stand aus diesen 20 Halbtags-Jahren eine Monatsrente von rund 310 Euro. Wenn sie bisher laut

30 SEKUNDEN FAKTEN

8,5 MIO.
Frauen mit einer abhängigen Erwerbstätigkeit arbeiten Teilzeit. Bei den Männern sind es nur 2,1 Millionen Teilzeit-Erwerbstätige.

46 %
der Mütter mit minderjährigen Kindern arbeiten Teilzeit. 24 % arbeiten Vollzeit, 30 % bleiben zu Hause. Von den Vätern minderjähriger Kinder arbeiten lediglich 5 % Teilzeit, 82 % arbeiten Vollzeit.

64 %
der Berufstätigen, die ausschließlich einer geringfügigen Beschäftigung nachgehen, sind Frauen.

Quelle: Statistisches Bundesamt, Bundesagentur für Arbeit

Wer kennt sich aus?

Mehr Informationen rund um die Teilzeitarbeit – zu Ihren Rechten, zu Regelungen und Fristen – finden Sie auf der Internetseite des Bundesarbeitsministeriums und in der Broschüre „Teilzeit – alles was Recht ist“, die Sie unter www.bmas.de herunterladen können. Sie finden sie unter „Service“, dann „Medien“, dann „Publikationen“.

Renteninformation einen Rentenanspruch von 600 Euro hätte, käme sie im Alter von 67 Jahren also auf 910 Euro Monatsrente.

Würde sie nun in den nächsten 20 Jahren mehr arbeiten und nicht mehr die Hälfte, sondern drei Viertel des Durchschnittseinkommens verdienen, könnte sie in dieser Zeit immerhin einen Rentenanspruch von 450 Euro erwirtschaften. Mit ihren bisher erworbenen Ansprüchen von 600 Euro käme sie also auf 1050 Euro Monatsrente – 140 Euro mehr als durch den Halbtagsjob.

Zusatzverdienst lohnt nicht immer

So unglaublich es klingen mag: Es kann sein, dass sich die Mehrarbeit und damit jeder zusätzlich verdiente Euro zumindest heute nur wenig oder gar nicht finanziell im Portemonnaie bemerkbar macht. Im ungünstigen Fall kann der Zusatzverdienst sogar dazu führen, dass netto weniger Geld zur Verfügung steht, wenn durch den Zusatzverdienst der Anspruch auf Sozialleistungen wie Kinderzuschlag oder Wohngeld entfällt. Das hat 2017 eine Studie des Zentrums für Europäische Wirtschaftsforschung im Auftrag der Bertelsmann Stiftung gezeigt: Die Autoren der Studie hatten für verschiedene Haushaltstypen ausgerechnet, wie viel von einem zusätzlich verdienten Euro übrig bleibt, wenn Steuern und Sozialabgaben sowie der mögliche Entzug von Sozialleistungen wie Wohngeld und der Kinderzuschlag zum Kindergeld berücksichtigt werden. Die Ergebnisse: Bei einem Single-Haushalt mit einem Haushaltsbruttoeinkommen von 17 000 Euro im Jahr blieb von jedem zusätzlich verdienten Euro nichts übrig, bei 75 000 Euro Einkommen waren es dagegen 56 Cent je Euro.

Solche Ergebnisse klingen je nach Einkommenssituation eventuell wenig motivierend, um mehr zu arbeiten. Andererseits: Wer weiß zum Beispiel, welche neuen beruflichen Chancen sich aus der zusätzlichen Arbeit ergeben? Und wer weiß, ob es nicht irgendwann andere Gründe gibt, durch die Sie etwa den Anspruch auf Leistungen wie Wohngeld oder Kinderzuschlag sowieso verlieren würden: Was, wenn Sie mit einem neuen Partner zusammenziehen, dessen Einkommen für staatliche Unterstützung zu hoch ist? Dann ärgern Sie sich im Nachhinein, wenn Sie die Chance auf das eigene zusätzliche Einkommen verpasst haben.

Bis zu 450 Euro extra
Übernehmen Sie neben Ihrer Hauptbeschäftigung einen Zusatzjob, lohnt sich häufig ein pauschal versteuerter Minijob, um bis zum Monatsende flüssig zu sein.

Mehr Brutto dank Zweitjob

Für manche ist ein Zusatzjob die Notlösung, für andere der Startschuss in eine neue Karriere. Für alle gilt: An einige Regeln müssen Sie sich halten, um Ihren Hauptjob nicht zu riskieren.

Wenn das Geld am Monatsende hinten und vorne nicht reicht, kommen Frauen, die nicht auf staatliche Unterstützung setzen wollen, nicht umhin, einen Zusatzjob anzunehmen. Das kann eine angestellte Beschäftigung sein oder eine nebenberufliche Selbstständigkeit.

Grundsätzlich gilt: Sie dürfen nebenberuflich arbeiten. Doch Sie sollten Ihren Arbeitgeber über den Zusatzjob informieren. Häufig muss er die Nebentätigkeit akzeptieren. Es sei denn, Sie machen ihm beispielsweise als Selbstständige Konkurrenz. Oder Sie übernehmen eine Tätigkeit, die Ihr Leistungsvermögen im Hauptjob beeinträchtigt, etwa, weil Sie in der Gastronomie häufig nachts arbeiten. Dann kann er Ihnen die Nebenbeschäftigung untersagen.

Wenn Sie einen Zusatzjob haben, trennen Sie beide Beschäftigungen sauber voneinander. Es sollte also nicht passieren, dass Sie etwa während Ihrer Hauptbeschäftigung Anfragen Ihrer eigenen Kunden bearbeiten. Sonst setzen Sie Ihren Hauptjob aufs Spiel.

Gerade wenn Sie nebenberuflich als Selbstständige neu durchstarten, sich etwas Eigenes aufbauen wollen, brauchen Sie dafür vielleicht vor allem in der Anfangszeit viel Zeit. Die Feierabende und Wochenenden reichen dafür eventuell nicht aus. Dann wäre eine Lösung, dass Sie in Ihrem Hauptjob Stunden reduzieren. Einen Anspruch auf Teilzeitarbeit im Hauptjob haben Sie, wenn in dem Unternehmen mehr als 15 Mitarbeiter beschäftigt sind und Sie selbst dort schon seit mehr als sechs Monaten arbeiten.

Nur in Ausnahmefällen darf der Arbeitgeber Ihren Wunsch auf Teilzeit aus betrieblichen Gründen verweigern.

Bezüglich der Steuern und Sozialabgaben für Ihren Nebenverdienst kommt es darauf an, um was für eine Nebentätigkeit es sich handelt.

- Minijob: Nehmen Sie einen Minijob an, müssen Sie sich in aller Regel keine oder kaum Gedanken machen. Ihr Minijob-Arbeitgeber überweist die fälligen Sozialabgaben und häufig rechnet er auch die Lohnsteuer pauschal mit 2 Prozent ab. Sie sind zwar verpflichtet, einen Beitragsanteil an die Rentenversicherung zu zahlen, doch von dieser Pflicht können Sie sich befreien lassen.
- Wenn Sie nebenbei regelmäßig mehr als 450 Euro in einem Zweitjob verdienen, müssen Sie allerdings Sozialabgaben für diesen Zusatzverdienst zahlen. Hinzu kommt, dass Ihr Verdienst nach der ungünstigen Steuerklasse VI beim Finanzamt abgerechnet wird. Dadurch sind die monatlichen Lohnsteuerabzüge zunächst besonders hoch. Über die Steuererklärung können Sie das aber korrigieren – eventuell holen Sie sich dann wieder Geld zurück.
- Neben einer hauptberuflichen Tätigkeit als Angestellter oder auch als Selbstständiger kann eine saisonale Tätigkeit oder Aushilfstätigkeit interessant sein. Wenn diese Tätigkeit von Beginn an ausdrücklich auf drei Monate am Stück oder maximal 70 Arbeitstage im Jahr befristet ist, dürfen Sie in dieser Zeit so viel verdienen, wie Sie können und wollen, ohne für diesen Verdienst Sozialabgaben zahlen zu müssen. Steuern können auf diesen Verdienst allerdings fällig werden – je nachdem, wie hoch Ihr sonstiges Einkommen eines Jahres ist.
- Für eine nebenberufliche Selbstständigkeit gilt: Erzielen Sie einen Gewinn über 410 Euro im Jahr, müssen Sie eine Steuererklärung machen. Sozialabgaben für Ihren Nebenverdienst bleiben Ihnen aber meist erspart. Denn solange das Angestelltenverhältnis der Hauptjob ist, müssen Sie für die Einkünfte aus der Selbstständigkeit keine Beiträge zur gesetzlichen Kranken- und Pflegeversicherung zahlen. Auch zusätzliche Rentenbeiträge fallen häufig nicht an. Das kann Ihnen nur in einigen Berufen passieren, etwa wenn Sie nebenbei als freiberufliche Lehrerin oder Hebamme arbeiten.

→ Rat in Sachen Rente holen

Erkundigen Sie sich vor dem Start in die nebenberufliche Selbstständigkeit, ob Sie zusätzliche Rentenversicherungsbeiträge einplanen müssen. Termine für ein kostenloses Beratungsgespräch bei der Deutschen Rentenversicherung vereinbaren Sie unter Tel. 0800/1000 4800.

Manchmal greift der Staat unter die Arme

Wenn das eigene Einkommen nicht reicht oder gerade keins erzielt werden kann, hilft der Staat in manchen Situationen mit.

Manchmal reicht selbst das Einkommen aus einer Vollzeitbeschäftigung nicht aus, um finanziell über die Runden zu kommen. Oder als Alleinerziehende fehlt die Möglichkeit, mehr als Teilzeit zu arbeiten. In der Situation geht es womöglich nicht ohne die finanzielle Unterstützung vom Staat. Es gibt diverse Unterstützungsmöglichkeiten, etwa Hartz-IV-Leistungen, die auch neben einem eigenen Einkommen gezahlt werden, Zuschlag zum Kindergeld, Wohngeld oder auch die „Grundsicherung im Alter und bei Erwerbsminderung".

Es würde den Rahmen dieses Ratgebers sprengen, um auf die teils komplexen Regelungen für die jeweiligen Leistungen einzugehen. Betroffene sollten sich deshalb zum Beispiel in den Beratungsstellen der Sozialverbände oder über kirchliche Einrichtungen wie Diakonie und Caritas Unterstützung holen, um all ihre Ansprüche in der jeweiligen Situation durchzusetzen.

Doch nicht nur wenn es finanziell ganz eng wird, haben Frauen Anspruch auf staatliche Unterstützung. Ob mit oder ohne Kind, ob alleinerziehend oder in fester Partnerschaft, ob berufstätig oder nicht: In bestimmten Lebenssituationen können Sie vom Staat finanzielle Unterstützung bekommen – zum Beispiel als Mutter oder aber, wenn Sie Freiräume für die Unterstützung Ihrer eigenen Eltern benötigen (siehe S. 73). Auch rechtlich steht Ihnen einiges zu, zum Beispiel das Anrecht auf eine berufliche Auszeit.

Hilfe für (werdende) Mütter

Besonders groß ist die Liste der staatlichen Leistungen für junge Eltern. Finanziell können sich die meisten Mütter rund um die Geburt und in der Elternzeit auf die Zahlung von Mutterschafts- und Elterngeld verlassen. Damit lässt sich die berufliche Auszeit, die sie für die Betreuung ihres Nachwuchses nehmen, oft einigermaßen überbrücken.

In den letzten Wochen vor der Geburt und in der ersten Zeit danach profitieren die Mütter vom Mutterschaftsgeld. Dieses wird meistens von den gesetzlichen Krankenkassen gezahlt. Anspruch auf das Geld von der Krankenkasse haben Frauen, die in der gesetzlichen Krankenversicherung freiwillig oder pflichtversichert sind und Anspruch auf Krankengeld haben.

Die Höhe des Mutterschaftsgeldes richtet sich nach dem Nettoverdienst der Frauen in den letzten drei Monaten vor Beginn der Schutzfrist. Die Kasse zahlt aber höchstens 13 Euro pro Kalendertag – höchstens 390 Euro im Monat. Das ist nicht annähernd das, was viele Angestellte vor dem Mutterschutz an Einkommen hatten. In dem Fall ist ihr Arbeitgeber verpflichtet, die 13 Euro Mutterschaftsgeld bis zu ihrem Tagesnettolohn aufzustocken.

Selbstständige Frauen, die Anspruch auf Krankengeld von ihrer Krankenkasse haben, erhalten Mutterschaftsgeld in Höhe des Krankengeldes.

Die Zahlung von Mutterschaftsgeld endet in der Regel acht Wochen nach der Entbindung. Für Mehrlingsmütter oder nach einer Frühgeburt sind es zwölf Wochen.

Allerdings ist nicht immer die gesetzliche Krankenkasse für diese Leistung zuständig. Wenn etwa eine Arbeitnehmerin privat krankenversichert ist oder wenn eine Minijobberin über ihren Partner beitragsfrei in einer gesetzlichen Krankenkasse familienversichert ist, kann sie sich an das Bundesversicherungsamt wenden. Dort kann sie als Mutterschaftsgeld eine Einmalzahlung von bis zu 210 Euro beantragen.

Das Antragsformular und ausführliche Informationen, unter welchen Voraussetzungen Sie das Geld bekommen und wann Sie keinen Anspruch auf die Leistung haben, finden Sie im Internet über die Seite www.bundesversicherungsamt.de.

Elterngeld oder Elterngeld Plus: Ausgleich für die Auszeit

Eltern, deren Kinder nach dem 30. Juni 2015 geboren wurden oder werden, haben heute die Wahl zwischen mehreren Formen der Unterstützung: Entweder, Sie entscheiden sich für das Basiselterngeld, für das neu geschaffene Elterngeld Plus, oder Sie kombinieren beide Leistungen miteinander.

Das Basiselterngeld beträgt meist 65 bis 67 Prozent des durchschnittlichen Nettoeinkommens der letzten zwölf Monate vor der Geburt. Die Elterngeldstelle zahlt zwischen 300 und höchstens 1800 Euro im Monat. Den Mindestbetrag von 300 Euro erhalten Frauen, die vorher kein oder nur ein sehr geringes Einkommen hatten. Lebt im Haushalt ein weiteres Kind unter drei Jahren, ist ein Geschwisterbonus drin. Das monatliche Elterngeld wird dann um 10 Prozent, mindestens um 75 Euro erhöht.

Ein Elternteil kann das Basiselterngeld maximal zwölf Monate beziehen. Übernimmt auch der Partner für wenigstens zwei Monate die Betreuung und verringert sich dadurch sein Einkommen, verlängert sich die Bezugsdauer auf bis zu 14 Monate.

Als Alleinerziehende können Sie für bis zu 14 Monate Basiselterngeld erhalten. Eine Voraussetzung ist aber, dass Sie nach der Geburt für mindestens zwei Bezugsmonate weniger Einkommen haben als vorher. Das bedeutet: Waren Sie vorher arbeitslos, steht Ihnen auch als Alleinerziehende nur für höchstens zwölf Monate Basiselterngeld zu.

Die Mutterschutzmonate nach der Geburt werden auf die Elterngeld-Monate angerechnet. Letztlich bekommen Arbeitnehmerinnen also in der Regel etwa zwei Monate weniger Elterngeld.

Das 2015 eingeführte Elterngeld Plus ist höchstens halb so hoch wie das Basiselterngeld, das der Elternteil erhalten würde, wenn er nach der Geburt nicht arbeitet. Dafür wird Elterngeld Plus länger gezahlt – ein Monat Basiselterngeld entspricht zwei Monaten Elterngeld Plus.

Auf den ersten Blick scheint es nur einen Unterschied zwischen den Leistungen zu geben: Dieselbe Summe wird über einen längeren Zeitraum gestreckt. Das stimmt – für jemanden, der während des Elterngeldbezugs nicht arbeitet. Wenn Eltern aber schon während dieser Zeit wieder arbeiten – erlaubt sind bis zu 30 Stunden pro Woche im Monatsschnitt –, können Sie sich durch einen Wechsel zum Elterngeld Plus insgesamt deutlich mehr Leistungen sichern:

Beispiel: Diana hat vor der Geburt von Tochter Lara 4 000 Euro brutto und 2 438 Euro netto verdient. Damit steht ihr ein Basiselterngeld von etwa 1 530 Euro monatlich zu. Bleibt Diana zwölf Monate zu Hause, erhält sie in den ersten acht Wochen nach der Geburt Mutterschaftsgeld, danach für zehn Monate die 1 530 Euro Basiselterngeld.

Doch Diana fängt ab dem siebten Monat nach der Geburt an zu arbeiten. Da sie nicht mehr Vollzeit arbeitet, verdient sie netto 800 Euro weniger als vor der Geburt. Nun sollte Diana auf das Elterngeld Plus umsteigen. Vorteil: Ein Monat Basiselterngeld entspricht zwei Monaten Elterngeld Plus. Das Basiselterngeld würde Diana ab der Rückkehr in ihren Job nur noch für sechs Monate bekommen, da sie ja schon für sechs Monate Leistungen erhalten hat. Mit dem Wechsel zum Elterngeld Plus kann sie für zwölf weitere Monate Leistungen beziehen.

Wenn sie im Vergleich zu der Zeit vor der Geburt 800 Euro weniger verdient, kommt sie auf folgende Leistungen:

Gehaltseinbuße	800 Euro
Höhe Elterngeld Plus (65 Prozent von 800 Euro)	520 Euro
Auszahlung insgesamt ab Rückkehr in den Job (12 x 520 Euro)	**6 240 Euro**

Zum Vergleich: Beim Basiselterngeld wäre nach den ersten sechs Monaten zu Hause und nach sechs Monaten im Job Schluss mit der Zahlung gewesen – sie hätte für insgesamt zwölf Monate Geld bekommen. Durch den Wechsel zum Elterngeld Plus sichert sich für insgesamt 18 Monate Leistungen und bekommt 3 120 Euro mehr vom Staat (6 Monate x 520 Euro).

Eine Obergrenze gibt es aber noch: Das Elterngeld Plus darf nicht höher sein als die Hälfte des Basiselterngeldes – in Dianas Fall nicht höher als 765 Euro (1/2 von 1530 Euro).

→ Eine besondere Rechnung

Wenn Sie das Beispiel oben nachrechnen, wundern Sie sich vielleicht: Heißt es nicht immer, es gibt 65 Prozent des Nettogehalts als Elterngeld? Bei 2 438 Euro netto müssten das doch etwa 1 585 Euro monatlicher Anspruch sein und nicht 1 530 Euro? Der niedrigere Elterngeldanspruch ergibt sich, weil die Elterngeldstelle etwas anders rechnet als Ihr Arbeitgeber. Er ermittelt das Elterngeld nicht anhand des Nettowerts auf Ihrem Gehaltszettel, sondern setzt nur 65 Prozent eines fiktiven Betrags („Elterngeld-Netto") an. Die Elterngeldstelle zieht zum Beispiel noch ein Zwölftel des Arbeitnehmer-Pauschbetrags (1/12 von 1 000 Euro = 83,33 Euro) vom Nettogehalt ab. Ihr Elterngeld-Netto ist also etwas kleiner als Ihr Nettolohn – und damit fällt auch das Elterngeld geringer aus.

Eltern steht noch mehr staatliche Unterstützung zu, zum Beispiel:

- **Kindergeld:** Jeden Monat erhalten Sie jeweils 194 Euro für Ihr erstes und zweites Kind, 200 Euro für das dritte und 225 Euro für das vierte und jedes weitere Kind. Der Anspruch gilt ab dem Monat der Geburt. Je nach Einkommen profitieren Sie eventuell zusätzlich von Steuerfreibeträgen fürs Kind, dem Kinder- und dem Betreuungsfreibetrag. Den Antrag aufs Kindergeld stellen Sie bei der zuständigen Familienkasse an Ihrem Wohnort, die bei der Arbeitsagentur angesiedelt ist. Als Beamter oder Beschäftigter im öffentlichen Dienst ist in der Regel die Familienkasse Ihres Arbeitgebers oder Ihrer Dienstbehörde zuständig. Antragsformulare finden Sie im Internet unter www.arbeitsagentur.de. Dort wählen Sie dann die Rubrik „Familie und Kinder".
- **Kinderzuschlag:** Bei der Familienkasse können Sie auch den Kinderzuschlag von 170 Euro pro Kind und Monat beantragen. Diesen gibt es für einkommensschwache Familien, die aber ein Mindesteinkommen haben und einen bestimmten Höchstbetrag nicht überschreiten. Lebt zum Beispiel ein Ehepaar mit seinen zwei Kindern zusammen und zahlt 600 Euro Miete im Monat, kann das Paar den Zuschlag bekommen, wenn es ein Bruttoeinkommen zwischen 900 und rund 1500 Euro im Monat hat. Mehr Informationen können Sie im Internet unter www.arbeitsagentur.de oder über die kostenlose Hotline 0800/4 5555 30 erhalten.
- **Beitragsfreie Familienversicherung:** Wenn Sie als Eltern beide gesetzlich

krankenversichert sind, können Sie Ihr Kind beitragsfrei bei einem Elternteil mitversichern. Wenn Sie nach der Geburt kein Elterngeld mehr beziehen und danach noch kein eigenes oder nur ein geringes Einkommen haben, können auch Sie sich über die Krankenkasse Ihres Ehepartners oder Ihrer -partnerin beitragsfrei mitversichern.

- **Unterstützung bei der Rente:** Mithilfe von Kindererziehungs- und Kinderberücksichtigungszeiten können Sie Ihr eigenes Rentenkonto aufstocken, auch wenn Sie in der Zeit nach der Geburt des Kindes nicht arbeiten. Wie genau diese Leistungen funktionieren, lesen Sie im Abschnitt „Das 1 x 1 der Renten" ab S. 97.

Wenn die Angehörigen Pflege brauchen

Finanzielle staatliche Unterstützung hängt aber nicht nur vom Kind ab. Wer etwa seine pflegebedürftigen Eltern unterstützt, hat Anspruch auf eine berufliche Auszeit und auf finanzielle Unterstützung.

Wenn zum Beispiel Ihre Mutter nach einem Unfall plötzlich pflegebedürftig ist, haben Sie als Angestellte Anspruch auf die sogenannte Kurzpflegezeit – eine zehntägige Freistellung von der Arbeit. Sie müssen zwar Ihren Arbeitgeber direkt informieren, doch er kann Ihnen die Freistellung – ganz gleich wie groß der Betrieb ist – nicht verweigern. Aus der gesetzlichen Pflegekasse oder der privaten Versicherung des Angehörigen erhalten Sie in dieser Zeit ein sogenanntes Pflegeunterstützungsgeld. Das entspricht 90 Prozent des Nettogehalts und deckt damit Ihren Verdienstausfall zumindest größtenteils ab.

Erkundigen Sie sich außerdem bei Ihrem Arbeitgeber, ob Sie für die Betreuung einer pflegebedürftigen Person zusätzliche Unterstützung von ihm bekommen können. Hilft er beispielsweise dabei, kurzfristig eine Betreuungsperson zu finden, und übernimmt er einen Teil der Kosten, sodass Sie doch weiter Ihren Job ausüben können? Übernimmt er die Kosten für einen Dienstleister oder übernimmt er die Vermittlung, ist das ein geldwertes Extra, das Sie als Angestellte bis zu einem Wert von 600 Euro im Jahr abgabenfrei mitnehmen können (siehe „Geschenk statt Geld", S. 61).

Wer kennt sich aus?

Für die Pflege eines Angehörigen sind auch längere berufliche Auszeiten möglich. Die jeweiligen Voraussetzungen und finanziellen Rahmenbedingungen können Sie unter www.test.de nachlesen – Suchwort: Pflegezeit. Ansprechpartner finden Sie außerdem in den sogenannten Pflegestützpunkten in Ihrer Nähe.

Möglichst viel Netto

Ist ein höheres Bruttogehalt nicht verhandelbar, bleiben einige Möglichkeiten, um aus dem vorhandenen Verdienst netto das Beste herauszuholen. Vor allem die monatlichen Steuerabzüge können Sie oftmals reduzieren. Auch ein Wechsel der Krankenkasse kann einen Vorteil bringen.

Wenn Sie berufstätig sind und mehr als 450 Euro monatlich verdienen, ist die Sache klar: Sie müssen Sozialabgaben und häufig auch Steuern zahlen – ganz gleich, ob Sie angestellt arbeiten oder beruflich selbstständig sind.

Verdient eine Frau beispielsweise im Monat 4 000 Euro brutto, zahlt sie derzeit 372 Euro (das sind 9,3 Prozent ihres Gehalts) an die gesetzliche Rentenversicherung und 60 Euro (1,5 Prozent) an die Arbeitslosenversicherung. Bei dieser Einkommenshöhe ist sie gesetzlich krankenversichert. Wenn ihre Kasse beispielsweise einen Beitragssatz von 15,6 Prozent erhebt, zahlt sie selbst 332 Euro (8,3 Prozent des Gehalts) für den Krankenversicherungsschutz. Für die gesetzliche Pflegeversicherung werden entweder 102 Euro (2,55 Prozent) fällig oder 112 Euro (2,8 Prozent) – je nachdem, ob sie Kinder hat oder nicht.

Außerdem zieht der Arbeitgeber jeden Monat Lohnsteuer von ihrem Bruttogehalt ab. Deren Höhe hängt von verschiedenen Faktoren ab, unter anderem davon, welcher Steuerklasse sie angehört und ob sie Kinder hat. Je nach Steuerklasse ergeben sich zum Teil deutliche Unterschiede:

- Eine alleinstehende Frau in Steuerklasse I zahlt bei einem Monatsbrutto von 4 000 Euro 735,24 Euro Lohnsteuer und Solidaritätszuschlag;

- eine alleinerziehende Mutter eines Kindes zahlt in Steuerklasse II 675,05 Euro;
- eine verheiratete Mutter eines Kindes in Steuerklasse III zahlt nur 407,47 Euro.
- In Steuerklasse IV würden für die Mutter eines Kindes beim Monatsbrutto von 4 000 Euro 735,98 Euro fällig,
- in Klasse V sind es sogar 1 157,07 Euro.

Zwischen dem niedrigsten und dem höchsten Steuerabzug liegen knapp 750 Euro! Netto bleiben der Frau im Beispiel oben je nach Familien- und Lebenssituation im ungünstigsten Fall nicht einmal 2 000 Euro am Monatsende übrig. Will sie daran etwas ändern und sich wenn möglich jeden Monat mehr Nettogehalt sichern, hat sie häufig einige Möglichkeiten:

1. Sie kann die Krankenkasse wechseln.
2. Sie kann die Steuerklasse wechseln. Das kommt allerdings nur für verheiratete Frauen und Partnerinnen in einer eingetragenen Lebenspartnerschaft infrage. Auch wenn sie erst seit Kurzem alleinerziehend ist, kann der Steuerklassenwechsel noch eine Option sein.
3. Sie kann sich zusätzliche Steuerfreibeträge in ihre Lohnsteuerdaten eintragen lassen – für Posten, die sie sonst erst mit der nächsten Steuererklärung beim Finanzamt abrechnen würde.

Ist das Einkommen höher, bleibt eventuell noch eine vierte Möglichkeit, um mehr Netto zu behalten: Denn Angestellte, die mehr als 59 400 Euro im Jahr verdienen, haben das Recht, von der gesetzlichen in eine private Krankenversicherung zu wechseln. Die Beiträge dort können zunächst günstiger sein als der Beitrag, den sie an eine gesetzliche Kasse zahlen müssen. Aber Achtung: Mit der Zeit wird die private Krankenversicherung teurer. Mehr dazu finden Sie unter „Krankenversicherungsschutz ändern und sparen", S. 77.

Verdienstgrenzen beachten

Die zuvor genannten Beitragssätze für die gesetzliche Sozialversicherung gelten für alle, die jeden Monat mehr als 850 Euro brutto verdienen. Etwas weniger zahlen Sie bei einem Bruttoverdienst über 450 Euro bis 850 Euro monatlich. In dieser sogenannten Gleitzone gelten reduzierte Beitragssätze. Wenn Sie zum Beispiel 650 Euro brutto verdienen, müssen Sie für die Rentenversicherung nur rund 50 Euro Monatsbeitrag aufbringen. Das entspricht einem Beitrag von knapp 7,7 Prozent des Verdienstes.

Noch weniger müssen Sie zahlen, wenn Sie in einem sogenannten Minijob in der Regel nicht mehr als 450 Euro monatlich verdienen. So ein Minijob mag nach der Geburt eines Kindes für den Wiedereinstieg als gute Lösung erscheinen, um mit wenigen Stunden wieder ins Berufsleben zu starten und ohne große Abzüge Geld zu verdienen. Denn häufig kümmert sich der Arbeitgeber darum, dass der Verdienst pauschal mit 2 Prozent versteuert wird. Zusätzlich überweist er die fälligen Sozialversicherungsbeiträge. So zahlen Betriebe unter anderem 15 Prozent des Einkommens ihrer Minijobber an die Rentenkasse, Privathaushalte überweisen 5 Prozent Rentenbeitrag.

Der Jobber selbst ist nur verpflichtet, einen kleinen Anteil an die Rentenkasse zu überweisen – zum Beispiel 3,6 Prozent, wenn er einen Minijob in einem Betrieb hat. Bei einem Monatsverdienst von 450 Euro wären das 16,20 Euro. Und selbst von dieser Zahlung könnte sich der Jobber von der Minijobzentrale auf Antrag befreien lassen.

Das klingt attraktiv: Die bis zu 450 Euro brutto landen komplett auf dem Konto. Doch Vorsicht, so attraktiv ist das nicht, schon gar nicht auf Dauer. Wenn Sie lange Zeit wenig verdienen und somit wenig in die Rentenkasse einzahlen, haben Sie im Alter wenig Rentenansprüche (siehe „Achtung: Rentenrisiko Teilzeit“, S. 98).

Als Minijobber sollten Sie zumindest den eigenen Beitragsanteil an die gesetzliche Rentenversicherung zahlen, um sich sämtliche Leistungen zu sichern, etwa den Anspruch auf eine Erwerbsminderungsrente.

Krankenversicherungsschutz ändern und sparen

Die Abgaben für Renten-, Arbeitslosen- und Pflegeversicherung sind fix. An Ihrem Beitrag für die Krankenversicherung können Sie aber oft noch drehen.

Zugegeben: Bei einem Verdienst über 850 Euro brutto sind die Möglichkeiten, an den Sozialabgaben zu drehen, begrenzt. Wenn Sie angestellt beschäftigt sind, stehen die Beiträge zur gesetzlichen Renten- und Arbeitslosenversicherung fest. Bleibt der Bereich der Krankenversicherung, in dem Sie eventuell Spielräume haben. Hier können Sie Abgaben sparen, wenn Sie

- als gesetzlich Krankenversicherte die Krankenkasse wechseln. Wählen Sie eine Kasse, die einen niedrigeren Zusatzbeitrag verlangt, kann je nach Einkommen eine ansehnliche Ersparnis beim Beitrag für die Krankenversicherung möglich sein. Bei der Pflegeversicherung bleibt es unabhängig von der gewählten Krankenkasse dabei, dass Sie mit Kind 2,55

Prozent Beitragssatz zahlen müssen, ohne Kind 2,8 Prozent.

- von der gesetzlichen in die private Krankenversicherung wechseln. Dann kann es je nach Verdienst und privatem Vertrag sein, dass Sie – zumindest vorerst – weniger Beiträge für die Krankenversicherung zahlen müssen. Allerdings: Rein finanziell lohnt sich die private Krankenversicherung auf Dauer oft nicht. Den eventuell eingesparten Beiträgen in jungen Jahren stehen höhere Ausgaben im Alter gegenüber.
- privat krankenversichert sind und dann auf manche Leistung verzichten, in einen günstigeren Tarif bei Ihrem Versicherer oder gleich zu einem anderen Anbieter mit einem günstigeren Tarif wechseln. Diesen Schritt sollten Sie aber genau planen und zusammen mit einem unabhängigen Versicherungsberater oder einer Verbraucherzentrale durchrechnen. Ein Anbieterwechsel in der privaten Krankenversicherung ist häufig mit enormen Kosten verbunden.

Kassenpatienten: Preis und Leistungen beachten

Rund 90 Prozent der Bundesbürger sind in einer gesetzlichen Krankenkasse versichert. Das gilt unter anderem für Angestellte, deren Jahresbruttoverdienst bei höchstens 59400 Euro liegt. Überspringen Sie diese Versicherungspflichtgrenze nicht, sind Sie verpflichtet, sich in einer der gesetzlichen Kassen am Markt abzusichern. Verdienen Sie oberhalb dieser Grenze, dürfen Sie sich freiwillig gesetzlich versichern oder zu einem privaten Krankenversicherer wechseln. Selbstständige haben häufig die Wahl: Entweder Sie versichern sich freiwillig gesetzlich, oder Sie gehen zu einem privaten Versicherer. Für Beamte, die Anspruch auf Beihilfe ihrer Dienstherren zu Gesundheitsleistungen haben, ist im Normalfall die private Krankenversicherung die beste Lösung.

Wenn Sie als Angestellte einen Jahresverdienst von höchstens 59400 Euro haben, ist also der Wechsel von einer gesetzlichen in eine andere gesetzliche Kasse die einzige Chance, um Ihre Beiträge etwas zu reduzieren. Doch was bringt das wirklich?

„Wichtig ist nicht nur der Beitragssatz, sondern auch, was die Kassen dafür an Leistungen und Service bieten.

Der Beitragssatz der Krankenkassen setzt sich Anfang 2018 wie folgt zusammen: Alle gesetzlichen Kassen erheben den allgemeinen Beitragssatz von 14,6 Prozent. Diesen teilen sich Arbeitgeber und Arbeitnehmer jeweils zur Hälfte auf. Selbstständige zahlen ihn im Regelfall allein. Etwas weniger zahlen sie, wenn sie darauf verzichten, im Fall langer Krankheit Krankengeld von der Krankenkasse zu beziehen. Dann zahlen Selbstständige nur einen reduzierten Beitragssatz von 14 Prozent. Zusätzlich zu diesen 14,6 beziehungsweise 14 Prozent erheben fast alle Kassen einkommensabhängige Zusatzbeiträge – derzeit zwischen 0,3 und 1,7 Prozent (siehe „30 Sekunden Fakten“, rechts). Der Haken: Den Zusatzbeitrag zahlen nicht nur Selbstständige allein, sondern auch angestellt beschäftigte Kassenmitglieder.

Sparen können Sie somit, wenn Sie in eine Krankenkasse wechseln, deren Zusatzbeitrag niedriger ist als der Ihrer jetzigen Kasse. **Beispiel:** Svenja verdient als Angestellte 3200 Euro brutto im Monat. Erhebt Ihre Krankenkasse inklusive Zusatzbeitrag 15,6 Prozent Beitragssatz, zahlt sie 265,60 Euro im Monat. Mit diesem Beitragssatz liegt Svenjas Kasse etwa im Mittelfeld aller Kassen am Markt. Doch es geht etwas günstiger: Wechselt sie in eine Kasse, die inklusive Zusatzbeitrag 15,2 Prozent verlangt, bringt ihr das monatlich 12,80 Euro mehr netto.

Beachten Sie aber: Die derzeit günstigsten Kassen stehen nur Bewohnern einzelner Bundesländer offen. Außerdem: Eine Ersparnis von 15 oder 20 Euro monatlich ist natürlich schön, aber es wäre falsch, nur auf den Beitragssatz der jeweiligen Kassen zu schauen. Wichtig ist auch das, was die Kassen dafür an Leistungen und Service bieten. Eventuell ist es aufs Jahr gesehen sogar günstiger, gar nicht zu wechseln – wenn Ihre Krankenkasse viele Zusatzleistungen bietet, die Ihnen wichtig sind und Ihnen helfen, an mancher Stelle Ausgaben zu sparen.

30 SEKUNDEN FAKTEN

14,6 %

Das ist der günstigste Beitragssatz, den Kassenpatienten Anfang 2018 zahlen müssen: Die Metzinger BKK erhebt ihn und verzichtet damit auf einen Zusatzbeitrag. Sie steht allerdings nur Versicherten in Baden-Württemberg und Thüringen offen.

15,19 %

Diesen Satz zahlen die Mitglieder bei der zum Stichtag bundesweit günstigsten gesetzlichen Krankenkasse.

16,3 %

Das ist der höchste Satz, mit dem Kassenpatienten aktuell rechnen müssen – fällig wird ein Zusatzbeitrag von 1,7 Prozent.

Quelle: GKV-Spitzenverband, Stand 3. Januar 2018

Ihnen ist es zum Beispiel wichtig, dass Sie von der Kasse Geld für Reiseimpfungen erhalten, dass sie die Ausgaben für Besuche beim Osteopathen übernimmt oder zusätzliche finanzielle Unterstützung während der Schwangerschaft bietet? Bei solchen Zusatzleistungen unterscheiden sich die Kassen zum Teil enorm. So zahlen manche Kassen gar nicht für Osteopathie, die anderen zwischen 50 und 500 Euro im Jahr. Wenn Sie in einer leistungsstarken Kasse mit etwas höherem Beitragssatz sind, kann es somit sein, dass Sie den monatlich höheren Beitrag schon nach ein paar Sitzungen beim Osteopathen wieder heraus haben.

Auch beim Service gibt es Unterschiede – großes Filialnetz oder nur vereinzelte Anlaufstellen mit direkten Ansprechpartnern? Medizinische Hotline, Hilfe bei der Vermittlung von Facharztterminen: Je nach persönlicher Vorliebe können die Service-Angebote Entscheidungskriterien sein. Ebenso die Unterstützung, die die Kassen für Sport- und Präventionskurse leisten oder die Boni, die sie für gesundheitsbewusstes Verhalten spendieren. Es lohnt sich also, bei der Suche nach „Ihrer Krankenkasse“ nicht nur auf den Beitragssatz zu schielen.

Wer kennt sich aus?

Mithilfe des Produktfinders „Krankenkassen“ der Stiftung Warentest können Sie nicht nur die Beiträge, sondern auch die Leistungen der gesetzlichen Krankenkassen vergleichen. Für die gesamte Übersicht zahlen Sie 3 Euro. Sie finden den Produktfinder im Internet auf www.test.de/krankenkassen.

→ Kasse wechseln

Waren Sie mindestens 18 Monate in Ihrer bisherigen Krankenkasse, haben Sie ein reguläres Kündigungsrecht. Sie können dann die Mitgliedschaft in Ihrer Kasse mit einer zweimonatigen Kündigungsfrist beenden. Wenn Sie also beispielsweise bis zum 30. April schriftlich kündigen, können Sie ab dem 1. Juli in der neuen Kasse sein. Wenn Ihre jetzige Kasse den Zusatzbeitrag erhöht, haben Sie ein Sonderkündigungsrecht. Sie können dann zu dem Zeitpunkt kündigen, zu dem der höhere Satz fällig wird. Allerdings gilt dann ebenfalls eine Frist von zwei Monaten. In dieser Zeit müssen Sie den höheren Beitrag zahlen.

Für wen lohnt die private Krankenversicherung?

Wenn Sie als Beamtin Anspruch auf Beihilfeleistungen haben – Ihr Dienstherr beteiligt sich an Ihren Ausgaben für die medizinische Versorgung –, ist die private Krankenversicherung in aller Regel die geeignete Lösung. Wenn Sie angestellt sind und ein ausreichend hohes Einkommen – also über der Versicherungspflichtgrenze – haben, sollten Sie sich hingegen mehr Gedanken machen, ehe Sie sich für den privaten Versicherungsschutz entscheiden. Das gilt auch, wenn Sie als Selbstständige über den Wechsel zum privaten Versicherer nachdenken.

Der Wechsel mag zunächst attraktiv erscheinen: Schließlich liegen die Leistungen der privaten Versicherer zum Teil über denen der gesetzlichen Krankenkassen. Auch der von Ihnen zu zahlende Beitrag kann zumindest in jungen Jahren äußerst vielversprechend aussehen und unter dem Beitrag für den gesetzlichen Schutz liegen.

Finanziell ist der private Schutz allerdings auf Dauer meist nicht die beste Lösung. Das liegt zum einen daran, dass es für Privatversicherte keine beitragsfreie Familienversicherung gibt. Das bedeutet, wenn Sie Kinder bekommen, benötigen auch Ihre Kinder einen eigenen Vertrag. Die Monatsbeiträge liegen je nach Angebot bei etwa 150 Euro, wenn Sie keinen Anspruch auf Beihilfeleistungen haben. Außerdem zahlen Angestellte und Selbstständige später im Rentenalter für die private Krankenversicherung meist deutlich mehr als in der gesetzlichen Kasse.

Wenn Sie als Angestellte oder Selbstständige vor der Wahl stehen – Wechsel ja oder nein –, sollten Sie sich deshalb gut überlegen: Sind Sie bereit, für die meist besseren Leistungen eines privaten Versicherers auf Dauer mehr zu zahlen?

Beiträge für private Krankenversicherung senken

Wenn Sie sich letztlich für den privaten Schutz entscheiden oder bereits entschieden haben: Irgendwann kann der Punkt erreicht sein, dass Ihnen die private Krankenversicherung zu teuer wird. Alljährlich wiederholen sich Meldungen über erhebliche Beitragssteigerungen für Privatpatienten.

Was ist dann die beste Lösung? Theoretisch kommt der Wechsel zu einem anderen privaten Krankenversicherer infrage. Praktisch ist das allerdings meist nicht die beste Lösung. Denn mit einem Anbieterwechsel sind finanzielle Verluste verbunden: Privatversicherte verlieren dann einen Teil ihrer Alterungsrückstellungen – bei Verträgen, die vor 2009 geschlossen wurden, verlieren sie sie sogar komplett. Diese Rückstellungen bilden die privaten Krankenversicherer aus den Beiträgen der Versicherten in jungen Jahren, damit ihre Beiträge mit zunehmendem Alter nicht wegen des steigenden Risikos zu erkranken erhöht werden müssen. Wenn Sie zu einem neuen Versicherer wechseln, muss dieser erneut Alterungsrückstellungen für Sie aufbauen. Das treibt den Beitrag in die Höhe.

Hinzu kommt: Wenn Sie zu einem anderen Anbieter wechseln, sind Sie älter als beim ersten Vertragsabschluss und eventuell nicht mehr ganz so fit. Vorerkrankungen können den Beitrag dann ebenso in die Höhe treiben.

Letztlich gilt deshalb: Wenn Sie unzufrieden mit Ihrem aktuellen privaten Schutz oder mit den Beiträgen sind, sollten Sie versuchen, bei Ihrem derzeitigen Versicherer etwas zu verbessern. Fragen Sie ihn nach einem anderen Tarif. Das Recht zum Wechsel in einen Tarif, der die gleichen Leistungsbereiche umfasst wie der bisherige Tarif, haben Versicherte unabhängig von Alter und Gesundheitszustand. Allerdings machen es Ihnen die Versicherer eventuell nicht ganz leicht, in einen anderen Tarif zu wechseln. Seien Sie hartnäckig, wenn Sie hier nicht gleich weiterkommen.

Eine andere Sparmöglichkeit wäre noch, in einen Tarif mit etwas geringeren Leistungen zu wechseln – dann verzichten Sie zum Beispiel auf das Einbettzimmer im Krankenhaus oder erklären sich bereit, zum Zahnersatz mehr aus eigener Tasche beizusteuern. Das kann den monatlichen Beitrag weiter senken. Doch senken Sie Ihre Ansprüche nicht zu weit: Im Nachhinein können Sie die Einschränkungen in der Regel nicht mehr rückgängig machen.

Gute Karten beim Finanzamt

Ihr Monatsnetto kann deutlich steigen, wenn es Ihnen gelingt, die Lohnsteuer zu senken. Spätestens mit der Steuererklärung können Sie einiges herausholen.

Das Beispiel zu Beginn dieses Kapitels (siehe S. 75) hat es gezeigt: Vor allem ein Steuerklassenwechsel kann eine Menge beim Nettogehalt ausmachen. Im Beispiel ergab sich beim Bruttoverdienst von 4000 Euro je nach Steuerklasse ein Unterschied von rund 750 Euro beim Nettogehalt. Etwas herausholen können Sie zudem mit zusätzlichen Steuerfreibeträgen. Was dahintersteckt, zeigt folgende Rechnung:

Beispiel: Sabine fährt jeden Morgen 30 Kilometer mit dem Auto zur Arbeit. Für jeden Entfernungskilometer dieser einfachen Strecke kann die 40-Jährige 30 Cent als sogenannte Werbungskosten in der Steuererklärung abrechnen – das macht bei 220 Arbeitstagen immerhin 1980 Euro sogenannte Werbungskosten. Dadurch bekommt Sabine nach ihrer Steuererklärung immer etwas Geld vom Finanzamt zurück.

So lange muss sie aber nicht warten: Sie könnte sich auch gleich einen Freibetrag für Ihren Arbeitsweg in ihre Lohnsteuerdaten eintragen lassen. Wenn Sabine 4 000 Euro brutto verdient und sich den Freibetrag für den Arbeitsweg gleich Anfang Januar eintragen lässt, bringt ihr das immerhin monatlich 30 Euro mehr aufs Konto.

Zugegeben: Das Geld hätte sie sich ohne Freibetrag spätestens mit der nächsten Steuererklärung zurückgeholt. Aber warum so lange auf das Geld warten und dem Finanzamt einen kostenlosen Kredit geben?

Der Weg zur Gehaltsabrechnung

Mit zusätzlichen Steuerfreibeträgen und der Entscheidung über die Steuerklasse können Sie also häufig die Höhe Ihrer Lohnsteuer drücken und so Ihr Nettogehalt erhöhen. Was dahintersteckt, zeigt folgender Überblick zur Gehaltsabrechnung:

Jeden Monat ermittelt Ihr Arbeitgeber anhand der „Elektronischen Lohnsteuerabzugsmerkmale" (ELStAM), wie viel Lohnsteuer er von Ihrem Gehalt abziehen und an das Finanzamt überweisen muss. Diese ELStAM-Daten sind beim Bundeszentralamt für Steuern gespeichert. Dort ist unter anderem die Steuerklasse registriert sowie Informationen darüber, ob die Mitarbeiter Kinder haben oder einer Kirche angehören.

Mit diesem Wissen zieht der Arbeitgeber je nach Steuerklasse automatisch einige Freibeträge und Pauschalen von Ihrem Bruttogehalt ab, wenn er die Lohnsteuer ermittelt. Berücksichtigt werden zum Beispiel 9 000 Euro Grundfreibetrag pro Jahr sowie Pauschalen für Werbungskosten und Sonderausgaben. In Steuerklasse III werden automatisch die meisten Freibeträge angerechnet.

Bei diesen automatischen Steuerfreibeträgen muss es aber nicht bleiben: Lassen Sie sich weitere Freibeträge in Ihre Steuerdaten eintragen, bleibt noch mehr von Ihrem Bruttolohn steuerfrei. Sie bekommen solche zusätzlichen Freibeträge für Ausgaben, die Sie sonst über die Steuererklärung beim Finanzamt abrechnen würden, etwa die zuvor erwähnten Ausgaben für den Arbeitsweg oder andere Werbungskosten, aber zum Beispiel auch für eine bezahlte Malerrechnung oder für Kinderbetreuungskosten. So haben Sie gleich mehr auf dem Konto.

Beispiel. Janina wurde versetzt und führt schon seit einiger Zeit einen Zweithaushalt in der Nähe des Arbeitsplatzes. Die Ausgaben für den doppelten Haushalt hat sie zuletzt immer in der Steuererklärung als Werbungskosten geltend gemacht. 2018 wollte sie es anders machen und hat gleich zu Jahresbeginn für ihre jährlichen Ausgaben in Höhe von 3 000 Euro einen „Antrag auf Lohnsteuerermäßigung" beim Finanzamt gestellt. Das Finanzamt hat ihr daraufhin einen zusätzlichen Freibetrag von 2 000 Euro für die doppelte Haushaltsführung in ihre Lohnsteuerdaten eingetragen: 2 000 und nicht 3 000 Euro deshalb, weil der Arbeitgeber automatisch die Werbungskostenpau-

Für das laufende Jahr können Sie den „Antrag auf Lohnsteuer-Ermäßigung 2018" bis zum 30. November beim Finanzamt stellen. Die Freibeträge werden dann – je nach Datum der Eintragung – auf die verbleibenden Monate bis Jahresende umgelegt. Den Antrag finden Sie im Internet unter www.Formulare-bfinv.de: Hier wählen Sie Formularcenter, Steuerformulare und dann den Ordner „Lohnsteuer".

schale von 1000 Euro beim Steuerabzug berücksichtigt. Nur für die restlichen Ausgaben hat Janina den Freibetrag bekommen. Dieser macht sich ab März in ihrer Lohnabrechnung bemerkbar:

Von März bis Dezember werden von ihrem Bruttolohn zusätzlich zu allen automatischen Abzügen weitere 200 Euro steuerfrei bleiben (1/10 von 2 000 Euro). Hat sie einen Bruttolohn von 4 500 Euro monatlich, bringt ihr der Extrafreibetrag monatlich knapp 80 Euro mehr netto als vorher.

Steuerklassen klug kombinieren

Der Steuerklassenwechsel als zweite Möglichkeit für mehr Netto kommt nur infrage, wenn Sie verheiratet sind, in einer eingetragenen Lebenspartnerschaft stehen, oder wenn Sie alleinerziehend sind:

- Sind Sie alleinstehend oder unverheiratet, gehören Sie **Steuerklasse I** an.
- Für Alleinerziehende gibt es die besondere **Steuerklasse II**, in der ein zusätzlicher Steuerfreibetrag – der „Entlastungsbetrag für Alleinerziehende" – berücksichtigt wird.
- Wenn Sie verheiratet sind, können Sie mit Ihrem Partner zusammen weitere Steuerklassen kombinieren: Nach der Trauung rutschen Sie automatisch aus den Klassen I oder II in die **Steuerklasse IV**. Dort können Sie bleiben, oder Sie wechseln – entweder so, dass ein Partner die **Klasse III**, der andere **Klasse V** nimmt. Oder Sie wählen beide **Steuerklasse IV + Faktor.**

Doch was steckt hinter diesem Steuerklassengewirr?

Je nach Steuerklasse berücksichtigt der Arbeitgeber unterschiedlich viele „automatische" Freibeträge, wenn er ermittelt, wie viel Lohnsteuer er dem Beschäftigten vom Bruttolohn abziehen muss.

Je nach Steuerklassenkombination können Paare dafür sorgen, dass zumindest erst einmal insgesamt eher wenig Lohnsteuer abgezogen wird. Für den Fall ist die Kombination der Klassen III/V am günstigsten. Bei dieser Kombination hat der Beschäftigte in Steuerklasse III den großen Vorteil: Wenn sein Arbeitgeber am Monatsende die fällige

Ihre Entscheidung

Einen motivierenden Lohn für meine Arbeit oder jeden Monat mit meinem Partner zusammen ein möglichst hohes Nettoeinkommen? Wenn Sie verheiratet sind, haben Sie die Entscheidung selbst in der Hand, denn Sie und Ihr Partner können wählen, wie Sie Ihre Steuerklassen kombinieren.

Lohnsteuer ermittelt, rechnet er auch Freibeträge mit an, die eigentlich dem Partner zustehen – zum Beispiel dessen Grundfreibetrag und dessen halbe Kinderfreibeträge. So wird vom Einkommen des Hauptverdieners weniger Lohnsteuer abgezogen.

Im Gegenzug muss der Partner in Steuerklasse V zwar auf diese Freibeträge verzichten und damit etwas höhere Abzüge und etwas weniger Nettogehalt hinnehmen. Doch das Minus ist meist kleiner als das Plus beim Partner in Klasse III, sodass es vielen Paaren mit dieser Kombination gelingt, sich jeden Monat ein besonders hohes gemeinsames Nettoeinkommen zu sichern.

Beispiel: Sven verdient 4800 Euro brutto und Carina 2400 Euro brutto monatlich. Ihnen bringt ein Wechsel aus den Steuerklassen IV/IV in die Kombination III/V monatlich knapp 120 Euro mehr Nettogehalt:

Steuerklassenkombination	IV/IV	III/V
Lohnsteuer + Soli Ehemann	1 010	617
Lohnsteuer Ehefrau	290	567
Monatliche Abgaben	**1 300**	**1 184**

So schön das erst einmal aussieht: Die Abrechnung ist leider nicht endgültig! Denn Paare mit der Steuerklassenkombination III/V sind verpflichtet, eine Steuererklärung einzureichen. Und die kann eine unschöne Überraschung und je nach Einkommenssituation eine Fiskus-Nachforderung von mehreren Hundert Euro bescheren, da die Paare im Laufe des Jahres zu wenig Lohnsteuer bezahlt haben. Das sollten Sie im Hinterkopf behalten, wenn Sie sich für diese Steuerklassenkombination entscheiden.

Das Beispiel zeigt einen weiteren Haken, der für die Arbeitsmotivation einer berufstätigen, verheirateten Frau eher hinderlich sein kann: Ist die (teilzeitarbeitende) Frau in der ungünstigsten Steuerklasse V, muss Sie hinnehmen, dass ihre Gehaltsabrechnung nicht sonderlich attraktiv aussieht. Eventuell fällt es schwer zu akzeptieren, dass vom Lohn für die eigene Arbeit zumindest vorerst wenig übrig bleibt.

Sie und Ihr Partner sollten somit für sich klären: Wollen Sie als Paar insgesamt möglichst viel Netto am Monatsende (Kombination III/V) oder ist es Ihnen wichtig, dass

Wer kennt sich aus?

Welche Steuerklassen kommen für uns infrage? Um die Wahl zu erleichtern, hat das Bundesfinanzministerium ein Merkblatt mit den wichtigsten Informationen und Beispielrechnungen zusammengestellt (BMF-Schreiben vom 24.11.2017, „Steuerklassenwahl"). Einen Steuerklassenrechner des Ministeriums finden Sie unter www.abgabenrechner.de.

kein Partner bei den Abzügen am Monatsende übermäßig belastet wird (Kombination IV/IV)? In dem Fall holen Sie Ihre vorab zu viel gezahlte Steuer über die Steuererklärung zurück. Haben Sie diese Rückzahlung nicht fest für bestimmte Ausgaben wie Urlaub eingeplant: Was spricht dagegen, das Geld zum Beispiel für die Altersvorsorge zu nutzen („Erfolgreich vorsorgen", S. 93)?

Vorteil durch Ehegattensplitting

Ganz gleich welche Steuerklassen Sie wählen: Ehepaare können immer vom Ehegattensplitting profitieren – entweder schon bei der Gehaltsabrechnung, oder spätestens mit der nächsten Steuererklärung.

Ehegattensplitting bedeutet: Wenn verheiratete Paare eine gemeinsame Steuererklärung einreichen, ermittelt das Finanzamt nicht für jeden einzeln die Steuern, sondern addiert zuerst die Einkommen beider Partner. Das Ergebnis teilt es durch zwei und ermittelt die dafür fälligen Steuern. Diesen Wert verdoppelt es dann. Häufig ist dieses Splittingverfahren günstiger, als wenn beide Partner ihre Steuern einzeln erklären. Je weiter die Einkommen der beiden auseinanderliegen, desto größer der Vorteil:

Beispiel: Vera hat 2017 mit ihrem Teilzeitjob ein zu versteuerndes Jahreseinkommen von 14000 Euro erzielt. Ihr Mann kam in Vollzeit auf 50000 Euro. Ohne Trauschein müsste Vera für 2017 knapp 1000 Euro Steuern und Solidaritätszuschlag zahlen, der Mann rund 13250 Euro. Insgesamt ergäben sich also Zahlungen von rund 14250 Euro an das Finanzamt. Als Ehepaar zahlen sie nur rund 12770 Euro. Dank Trauschein sparen sie rund 1480 Euro Steuern im Jahr.

Diese Ersparnis, die sich letztlich mit der Steuererklärung ergibt, ist schön. Aber auch hier gilt: Warum so lange warten? Um gleich mit der nächsten Gehaltsabrechnung vom Anspruch auf das Ehegattensplitting zu profitieren, kann der besser verdienende Partner (oder der „Alleinverdiener") in Steuerklasse III und der Partner mit weniger Einkommen in Klasse V wechseln.

Der Wechsel ist in der Regel einmal im Jahr möglich, letztmalig bis 30. November. Sie stellen beim Finanzamt den „Antrag auf Steuerklassenwechsel bei Ehegatten/Lebenspartnern". Den Antrag finden Sie unter www.Formulare-bfinv.de („Formularcenter", dann „ Steuerformulare" und „Lohnsteuer").

Noch eine Alternative für Paare

2010 wurde mit dem sogenannten Faktorverfahren eine weitere Möglichkeit geschaffen, die Steuerklassen zu kombinieren. Seither gibt es die Steuerklasse IV+Faktor für beide Partner: Mithilfe eines Rechenfaktors, den das Finanzamt anhand der Bruttoeinkommen ermittelt, werden Gehaltsunterschiede zwischen den Partnern beim Lohnsteuerabzug besser berücksichtigt. Dadurch stimmen die Steuern, die der Arbeitgeber vom Gehalt abzieht, fast genau mit den tatsächlichen Forderungen des Finanzamts überein. So kann es Paaren gelingen, hohe Nachforderungen zu umgehen.

Allerdings können Boni, Prämien oder Gehaltserhöhungen dafür sorgen, dass der ermittelte Faktor nicht mehr passt und es doch höhere Nachforderungen oder Erstattungen vom Finanzamt geben kann.

Mehr Lohnersatz sichern

Ob III/V oder IV/IV oder Faktorverfahren: Selbst wenn Sie und Ihr Partner nicht die optimale Steuerklassenkombination wählen, müssen Sie sich keine Sorgen machen, dass Sie dem Finanzamt unnötig Geld schenken. Ihnen bleibt immer noch die Steuererklärung, um die ungünstige Lohnsteuer-Abrechnung korrigieren zu lassen.

Wenn Sie allerdings in absehbarer Zeit mit Lohnersatzleistungen wie Eltern-, Kranken- oder Arbeitslosengeld rechnen, sollten Sie sich unbedingt genaue Gedanken über die Steuerklassenkombination machen. In so einer Situation kann eine ungünstige Steuerklassenwahl tatsächlich Geld kosten. Denn der Lohnersatz hängt vom vorherigen Nettogehalt ab.

Beispiel: Katja und ihr Mann Stefan wollen Eltern werden. Katja verdient 3200 Euro brutto im Monat, netto bleiben ihr in Steuerklasse V monatlich 1682 Euro. Sollte es mit dem Nachwuchs klappen, wird nur Katja in Elternzeit gehen. Bliebe Katja in Steuerklasse V, käme sie auf ein Elterngeld von etwa 1040 Euro monatlich. Tauscht sie mit ihrem Mann Stefan die Steuerklassen, steigt ihr Anspruch deutlich: Durch Steuerklasse III verdient Katja 2306 Euro netto, sodass ihr etwa 1445 Euro monatliches Elterngeld zustehen.

Der Steuerklassenwechsel vor der Geburt würde Katja also nach der Geburt immerhin monatlich rund 400 Euro mehr Elterngeld bringen. Dieses Plus ist ihr sicher. Ihr Mann Stefan müsste dann vor der Geburt zwar in die ungünstige Klasse V wechseln, sodass sein Nettogehalt deutlich schrumpft. Doch seine zu viel gezahlten Steuern holt sich das Paar über die Steuererklärung zurück.

Nach der Geburt können Katja und Stefan wieder zurückwechseln: Dann geht Stefan als Allein- oder Hauptverdiener wieder in Klasse III, und so steht dem Paar neben dem Elterngeld für die Frau zumindest vorläufig das wieder höhere Nettogehalt des Ehemannes zur Verfügung.

Damit sich die günstigere Steuerklasse auf Lohnersatzleistungen wie Elterngeld auswirkt, müssen Sie aber Fristen einhalten. Beim Elterngeld gilt, dass Sie spätestens sieben Monate vor Beginn des Mutterschutzes in der neuen Steuerklasse sein müssen. Sonst rechnet die Elterngeldkasse mit der alten Klasse.

Steuerklasse II: Nur für Alleinerziehende

Wenn Sie alleinerziehende Mutter sind, kommt der günstige Splittingtarif, der Ehepaaren zusteht, zumindest nach derzeitigem Stand nicht infrage. Dazu ist aber eine Verfassungsbeschwerde anhängig (BVerfG, Az. 2 BvR 221/17). Wie die obersten Richter in dieser Frage entscheiden, stand bis Redaktionsschluss nicht fest.

Zumindest eine kleine Steuerentlastung gibt es für Alleinerziehende: Ihnen steht ein zusätzlicher Steuerfreibetrag zu, der „Entlastungsbetrag für Alleinerziehende". Dieser wird direkt bei der Gehaltsabrechnung berücksichtigt, wenn Sie die Steuerklasse II haben. Der zusätzliche Freibetrag soll ausgleichen, dass derjenige, der seine Kinder allein großzieht, dadurch meist höhere finanzielle Belastungen zu tragen hat als Paare.

Wenn Sie sich von Ihrem Partner getrennt haben und nun mit dem Nachwuchs allein leben, steht Ihnen der Entlastungsbetrag in Höhe von 1 908 Euro pro Jahr für das erste Kind – 240 Euro für jedes weitere – zu. Voraussetzung: Sie haben Anspruch auf Kindergeld, und es lebt kein anderer Erwachsener, also auch nicht Oma oder Tante der Kinder, mit im Haushalt. Sobald ein anderer Erwachsener mit in Ihrem Haushalt lebt, zum Beispiel Ihr neuer Partner, verlieren Sie den Entlastungsbetrag für Alleinerziehende. Es sei denn, der Erwachsene ist Ihr eigenes, bereits volljähriges Kind, für das Sie noch Anspruch auf Kindergeld haben.

→ Entlastung beantragen

Steuerklasse II und damit den zusätzlichen Entlastungsbetrag für Alleinerziehende beantragen Sie mit der „Versicherungserklärung zum Entlastungsbetrag". Den Antrag finden Sie unter www.Formulare-bfinv.de im „Formularcenter" unter „Steuerformulare", „Lohnsteuer". Darin müssen Sie versichern, dass kein weiterer Erwachsener mit im Haushalt lebt.

Den Entlastungsbetrag wird Ihr Arbeitgeber bei der Gehaltsabrechnung berücksichtigen, wenn das Finanzamt Ihren Antrag auf Steuerklasse II angenommen hat. Von Ihrem Bruttogehalt bleiben dann zusätzlich 159 Euro pro Monat steuerfrei (1/12 von 1 908 Euro). Für jedes weitere Kind kommen 20 Euro im Monat dazu. Bei einer Durchschnittsverdienerin mit einem Kind beträgt die Netto-Entlastung aber gerade knapp 50 Euro im Monat. Für Teilzeitkräfte und Geringverdiener ist sie noch niedriger.

Zahlt der andere Elternteil keinen Unterhalt für die Kinder, erhöht das den Entlastungsbetrag nicht.

Nach dem Tod Ihres Ehepartners sind Sie alleinerziehend? Wählen Sie zunächst Steuerklasse III. Das ist erlaubt, denn im Todesjahr des Partners und im Jahr danach profitieren Sie noch vom günstigeren Splittingtarif für Verheiratete. Den „Entlastungsbetrag für Alleinerziehende" lassen Sie sich dann als zusätzlichen Freibetrag in Ihre Lohnsteuerdaten eintragen (siehe ausführlich „Gute Karten beim Finanzamt", S. 82).

Geld zurück dank Steuererklärung

Wenn Alleinerziehende den Steuerklassenwechsel im Laufe des Jahres verpasst haben, können sie den Entlastungsbetrag für Alleinerziehende noch mit der Steuererklärung beantragen. Aber auch als Paar oder Single können Sie über die Steuererklärung vieles korrigieren, was im Laufe des Jahres nicht optimal abgerechnet wurde.

Zugegeben, das Ausfüllen der Formulare kann Mühe machen. Und wenn Sie zum Ausfüllen verpflichtet sind, etwa bei der Steuerklassenkombination III/V, kann tatsächlich eine Nachforderung vom Finanzamt fällig werden. Doch wenn Sie nicht in der Pflicht sind, etwa als Ehepaar mit den Steuerklassen IV für beide Partner, bringt die Jahresabrechnung häufig Geld zurück. Deshalb sollten Sie auch dann eine Steuererklärung machen, wenn Sie es eigentlich gar nicht müssen.

Doch wann ist die Abrechnung Pflicht, wann nicht?

In der Pflicht sind unter anderem alle, die sich zusätzliche Steuerfreibeträge in ihre Lohnsteuerdaten haben eintragen lassen. Das gilt ebenso für diejenigen, die neben ihrem Arbeitseinkommen weitere Einkünfte – etwa aus einer Selbstständigkeit, aus einer Rente oder aus Vermietung – von mehr als 410 Euro im Jahr haben. Wenn Lohnersatzleistungen wie Eltern-, Arbeitslosen- oder Krankengeld geflossen sind, kommen Sie um das Ausfüllen der Steuerformulare ebenfalls nicht umhin. Freiwillig ist die Abrechnung hingegen zum Beispiel, wenn Sie Ihr Einkommen nach Steuerklasse I, II oder IV versteuern und im vergangenen Jahr keine Nebeneinkünfte hatten und keine Lohnersatzleistungen bezogen haben.

Die Chancen auf eine Steuererstattung stehen nicht schlecht, wenn Sie zum Beispiel hohe Werbungskosten hatten. Dazu gehören unter anderem eigene Ausgaben für einen berufsbedingten Umzug, für den täglichen Arbeitsweg oder für eine aus eigener Tasche finanzierte Fortbildung. All das sind Posten, die Sie über die Steuererklärung beim Finanzamt geltend machen können. Wenn Sie keine Steuererklärung machen, werden pauschal lediglich 1000 Euro im Jahr als Werbungskosten berücksichtigt.

Wenn Sie beim Finanzamt keinen zusätzlichen Freibetrag für diese Posten beantragt haben, legt der Arbeitgeber diese Pauschale und keinen Euro mehr zugrunde, wenn er jeden Monat die zu zahlende Lohnsteuer ermittelt.

Über diese 1 000-Euro-Grenze kommen Sie aber schnell, beispielsweise wenn Sie an 220 Tagen im Jahr einen 16 Kilometer langen Arbeitsweg fahren. Dann können Sie für diesen Arbeitsweg Ausgaben von 1 056 Euro beim Finanzamt geltend machen. Jeder Euro oberhalb der 1 000-Euro-Pauschale hilft also, Steuern zu sparen.

Auch abseits der Jobkosten sind enorme Steuerersparnisse möglich, etwa wenn Sie Sonderausgaben wie Spenden, Kirchensteuern und Kinderbetreuungskosten beim Finanzamt geltend machen. Vor allem die Betreuungskosten für Kinder unter 14 Jahren zahlen sich aus, denn von Ausgaben von bis zu 6 000 Euro im Jahr erkennt das Finanzamt zwei Drittel – maximal 4 000 Euro – als Sonderausgaben an.

Gegenüber dem Finanzamt außerdem sehr attraktiv: Ausgaben für Haushaltshilfen und Handwerker, die bei Ihnen zu Hause etwas erledigt haben. Mit Ihren Ausgaben für die „haushaltsnahen Dienstleistungen" können Sie Ihre zu zahlende Einkommenssteuer deutlich drücken.

Beispiel: Sarah und ihr Mann Michael haben sich ein eigenes Haus gekauft. Um es besser finanzieren zu können, startet Sarah ein knappes Jahr nach der Geburt ihres zweiten Kindes wieder beruflich durch. Damit zu Hause nicht das Chaos ausbricht, kommt jede Woche eine Hilfe ins Haus. Die Frau reinigt die Wohnung und übernimmt ab und zu auch andere Aufgaben wie Bügeln und Einkaufen.

Sarah und Michael haben sie bei der Minijob-Zentrale angemeldet. Deshalb können sie die jährlichen Ausgaben von 2 200 Euro in der Steuererklärung geltend machen. 20 Prozent dieser Ausgaben, 440 Euro in diesem Beispiel, wird das Finanzamt direkt von der zu zahlenden Steuerlast von Sarah und Michael abziehen.

Auch wer zum Beispiel einen Maler engagiert, sich im Garten helfen oder eine neue Küche einbauen lässt, kann mit den Ausgaben für solche Leistungen Steuern sparen. 20 Prozent der reinen Arbeitskosten mit der darauf zu zahlenden Mehrwertsteuer wird das Finanzamt ebenfalls von der Steuerlast abziehen. Das gilt übrigens auch für die Kosten eines Umzugsunternehmens, wenn etwa nach der Familiengründung eine größere Wohnung benötigt wird.

Manchmal steuerlich getrennte Wege gehen

Wenn Sie verheiratet sind oder in einer eingetragenen Lebenspartnerschaft stehen, haben Sie den Vorteil, dass Sie spätestens in der Steuererklärung vom günstigen Ehegattensplitting profitieren können. Dazu müssen Sie eine gemeinsame Steuererklärung abgeben. Allerdings gibt es tatsächlich Si-

Wer kennt sich aus?

Welche Posten bringen einen Steuervorteil? Wie rechne ich meine Dienstreisen und Kita-Gebühren ab? Und wann profitiere ich von Kinderfreibeträgen? Das sind nur einige der Fragen, die im „Finanztest-Spezial Steuern 2018" beantwortet werden. Sie können das Heft unter www.test.de/shop erwerben.

tuationen, in denen es sich lohnen kann, wenn Sie nicht gemeinsam abrechnen, sondern beide Partner eine eigene Steuererklärung einreichen. Das kann zum Beispiel der Fall sein, wenn Sie oder Ihr Partner im vergangenen Jahr Lohnersatzleistungen wie Elterngeld bezogen haben.

Diese Ersatzleistungen sind zwar steuerfrei, doch sie unterliegen dem sogenannten Progressionsvorbehalt. Das bedeutet, durch die Leistungen kann sich der Steuersatz für das restliche Einkommen erhöhen.

Beispiel: Simone und Christina haben Ende 2017 geheiratet. Simone hat 2017 ein Kind zur Welt gebracht und bis Jahresende 8500 Euro Elterngeld bezogen.

Ohne das Elterngeld wäre das Paar auf ein zu versteuerndes Jahreseinkommen von 64000 Euro gekommen. Dafür wäre ein Steuersatz von etwa 19,7 Prozent fällig geworden. Durch das Elterngeld wird bei der gemeinsamen Veranlagung ein Steuersatz von knapp 21,5 Prozent fällig. Das ist der Satz, der für 72500 Euro zu versteuerndes Einkommen zu zahlen wäre (64000 plus 8500 Euro).

Rechnet das Paar nun nicht gemeinsam ab, sondern reichen beide Frauen je eine Steuererklärung ein, kann der Nachteil durch den erhöhten Steuersatz deutlich kleiner ausfallen: Da nur Simone Elterngeld bezogen hat, erhöht sich nur der Steuersatz für ihr Einkommen. Das Einkommen von Christina bleibt komplett außen vor.

Je nach Einzelfall und je nachdem wie sich das Gesamteinkommen auf beide Partnerinnen verteilt, kann es somit sein, dass die beiden von der Einzelabrechnung mehr profitieren als vom Splittingtarif.

→ Einzeln oder gemeinsam?

Ob die Einzelabrechnung tatsächlich günstiger ist, muss im Einzelfall geprüft werden. Das können Sie als Paar sogar selbst machen – mithilfe eines PC-Steuerprogramms oder wenn Sie im Portal „Elster-Online" Ihre Steuererklärung online ausfüllen. Alternativ wenden Sie sich zum Beispiel an einen Lohnsteuerhilfeverein oder einen Steuerberater. Für diese fachliche Unterstützung müssen Sie zwar zahlen, doch wenn Sie dadurch Steuern sparen, gleichen Sie das meist leicht wieder aus.

Erfolgreich vorsorgen

Egal wie weit entfernt die Rente heute erscheint: Sparen Sie jetzt für später! Als Frau sind Sie hier meist besonders gefordert: Denn wenn Sie nicht voll durchgearbeitet haben, wird die gesetzliche Rente oft karg ausfallen. Zusätzliche Vorsorge tut not – selbst in Zeiten magerer Zinsen.

Die aktuellen Durchschnittsrenten in Deutschland erscheinen für Frauen kaum verlockend: Während Männer in den westlichen Bundesländern Ende 2016 im Schnitt 1078 Euro Rente im Monat ausgezahlt bekamen – nach Abzug der Beiträge zur gesetzlichen Kranken- und Pflegeversicherung –, erhielten Frauen im Schnitt nur 606 Euro. In den östlichen Bundesländern waren es zu dem Stichtag 1171 Euro ausgezahlte Monatsrente bei den Männern und 894 Euro bei den Frauen.

Unterschiede zeigen sich auch aufgrund der familiären Situation: Eine kinderlose Frau kam 2015 im Schnitt auf 684 Euro ausgezahlte Monatsrente, eine Frau mit einem Kind auf 671 Euro, bei zwei Kindern waren es nur 618 Euro, bei drei Kindern 583 Euro Monatsrente.

Soweit die Statistiken von heute. Wie die Renten der Frauen in Zukunft aussehen, ist damit zwar längst nicht gesagt. Doch die Zahlen von heute geben zumindest einige Anhaltspunkte, unter welchen Voraussetzungen es für Frauen im Alter finanziell eng werden kann: Wer lange Zeit im Berufsleben aussetzt, muss hinnehmen, dass es im Alter weniger Leistungen geben wird. Das trifft bei den Rentnerinnen von heute eher auf die Frauen aus den westlichen als den östlichen Bundesländern zu. Es gibt zwar mit den Kindererziehungs- und den Kinderberücksichtigungszeiten eine besondere Unterstützung für das Rentenkonto von Müttern (siehe „Gesetzliche Rente: Besser als Sie vielleicht erwarten", S. 96), dennoch lassen sich Einbußen bei der Rente häufig nicht verhindern. Umso wichtiger ist es gerade für Frauen, zusätzlich vorzusorgen, um die Versorgungslücke zu schließen.

Wenn Sie Kinder haben, kann die viel gescholtene Riester-Rente dafür ein wichtiges Instrument sein, denn dank der staatlichen Zulagen ist sie gerade für Eltern eine interessante Vorsorgemöglichkeit – vorausgesetzt, Sie entscheiden sich für einen passenden Vertrag.

Die betriebliche Altersvorsorge ist die zweite Möglichkeit, um mit staatlicher Unterstützung für den Ruhestand zu sparen. Mit einigen Gesetzesänderungen ist sie nun für mehr Beschäftigte attraktiver geworden.

Als dritte Form der geförderten Vorsorge bleibt die Rürup-Rente, die aber für viele Frauen eher nicht erste Wahl sein sollte.

Für die langfristige Altersvorsorge bleiben zusätzlich Anlagemöglichkeiten „ohne staatliche Hilfe". Auf lange Sicht bekommen gerade in der heutigen Zeit mit niedrigen sicheren Zinsen auch Börseninvestments infrage. Vor allem die ETF – „Exchange Traded Funds" – eignen sich, wenn Sie nicht in den nächsten zehn oder besser noch 15 Jahren an Ihr angelegtes Geld heranmüssen. Private Rentenversicherungen ohne staatliche Förderung haben dagegen an Attraktivität für die Altersvorsorge verloren.

Die Zeit für sich arbeiten lassen

Ganz gleich für welche Art der zusätzlichen Vorsorge Sie sich letztlich entscheiden: Wichtig ist – auch in der aktuellen Phase mit niedrigen Zinsen –, mit dem Sparen für das Alter möglichst früh zu beginnen. Denn je eher Sie starten, desto mehr profitieren Sie vom Zinseszinseffekt:

Beispiel: Sabrina ist 30 Jahre alt und hat ihren ersten festen Job nach dem Studium. Würde sie nun von ihrem Einkommen jeden Monat 250 Euro für die private Vorsorge abzwacken und dieses Geld so anlegen, dass sie eine Rendite von 1,5 Prozent erwirtschaftet, kommt sie im Alter von 67 Jahren auf ein Finanzpolster von rund 148 000 Euro. Zum Vergleich: Würde sie erst im Alter von 40 Jahren mit dem Sparen beginnen, bräuchte es schon eine Monatsrate von 371 Euro, um bei Rentenbeginn im Alter von 67 Jahren auf diese 148 000 Euro zu kommen.

Mit dieser Summe könnte sie im Ruhestand schon einiges anfangen: Würde sie die 148 000 Euro ab Rentenbeginn weiter zu einem Zinssatz von 1,5 Prozent anlegen, könnte sie knapp 19 Jahre lang beispielsweise jeden Monat 750 Euro entnehmen, um alltägliche Lebensausgaben zu decken. Erst danach wäre das Geld aufgebraucht. Steuerliche Aspekte sind bei dieser Rechnung nicht berücksichtigt. Dennoch gibt das Beispiel einen ersten Einblick, was durch frühes Sparen möglich ist.

Ein noch größeres Polster könnte Sabrina bis Ruhestandsbeginn erreichen, wenn sie ihr Geld nicht in sichere Sparprodukte steckt, sondern mit Börseninvestments eine deutlich höhere Rendite erwirtschaftet. Wenn sie als 30-Jährige ihre 250 Euro Sparsumme pro Monat in ETF steckt und damit bis Rentenbeginn eine durchschnittliche Rendite von 6 Prozent erwirtschaften könnte, käme sie im Alter von 67 Jahren sogar auf ein Vermögen von mehr als 390 000 Euro.

Die Ersparnisse – wie auch immer sie erzielt wurden – werden gebraucht, denn von der gesetzlichen Rente allein werden Sie im Alter nicht leben können. Das gilt für die Frauen, die noch wenige Jahre bis zum Ruhestand haben, genauso wie für die jungen Frauen, die gerade erst ins Berufsleben starten. Deshalb: Versuchen Sie, sobald es geht, etwas zurückzulegen – und wenn es zunächst nur 50 oder 100 Euro im Monat sind. Auch daraus wird im Laufe der Jahre ein ansehnliches Polster. Und sobald mehr möglich ist, legen Sie noch mehr zurück.

→ Rentenlücke berechnen

Im Ruhestand sollten Ihnen wenn möglich 80 Prozent des letzten Nettogehalts zur Verfügung stehen. Mithilfe eines Finanztest-Rechners können Sie ermitteln, wie viel Geld Sie möglichst durch private Altersvorsorge erwirtschaften sollten, um Ihre Lücke aus der gesetzlichen Rente zu schließen. Sie finden den Rechner unter www.test.de/rentenluecke.

Je nach Lebenssituation werden Sie mit Ihrer Vorsorge längst begonnen haben. Wie ist Ihr Geld bisher angelegt, wie viel zahlen Sie in die Verträge ein?

Nehmen Sie sich regelmäßig Zeit, um Ihre bisherigen Vorsorgeaktivitäten zu prüfen und die Zahlungen eventuell umzustellen. Wenn Sie beispielsweise in eine Betriebsrente einzahlen: Überlegen Sie, ob Sie die Zahlungen aufstocken. Seit Anfang 2018 sind deutlich höhere Einzahlungen abgabenfrei möglich als im Vorjahr. Sie könnten bis zu 6 240 Euro von Ihrem Bruttogehalt abzweigen, ohne Steuern und Sozialabgaben zahlen zu müssen.

Aber: Geld, das Sie für die private Altersvorsorge fest einplanen, steht Ihnen nicht zur Verfügung, um damit kurz- oder mittelfristige Anlageziele zu verwirklichen. Wichtig ist deshalb, dass Sie zunächst für ein Notfallpolster, etwa auf einem Tagesgeldkonto, sorgen, bevor Sie neue Vorsorgeverträge abschließen oder die Beiträge in bereits laufenden Verträgen aufstocken.

Bevor Sie Geld in langlaufende Verträge stecken, überlegen Sie außerdem, ob andere Anlageziele dagegen sprechen: Wenn Sie sich zum Beispiel vorstellen können, in ein paar Jahren in ein eigenes Haus zu ziehen oder eine Eigentumswohnung zu kaufen, bringen (höhere) Zahlungen in eine Betriebsrente Sie nicht weiter, denn das Geld könnte Ihnen als Eigenkapital für die Immobilie mehr helfen (siehe „Immobilien als Alternative?“, S. 130).

Gesetzliche Rente: Besser als Sie vielleicht erwarten

Obwohl im Alter eine Lücke bleibt: Die gesetzliche Rente wird für die meisten von Ihnen die Basis der Absicherung im Alter sein. Doch auch in jungen Jahren können Sie profitieren.

Bekommen wir im Alter überhaupt noch Rente? Wie lange werden wir arbeiten müssen, ehe wir in den Ruhestand gehen können? Kommen wir mit dem ausgezahlten Geld über die Runden?

Gerade unter Jüngeren ist die Skepsis gegenüber der gesetzlichen Rente groß. Ständige Reformen, Meldungen über das sinkende Rentenniveau und die Hinweise, dass gerade Frauen von Altersarmut betroffen sein werden, steigern das Vertrauen in diesen Zweig der gesetzlichen Sozialversicherung nicht unbedingt. Auch die niedrigen Renten im Vergleich zu Männern sorgen für Verunsicherung.

Dennoch ist und bleibt die gesetzliche Rentenversicherung für viele Frauen der entscheidende Bestandteil für die Absicherung im Alter. Das Gute daran: Die Renditen aus der gesetzlichen Rente können sich im Vergleich zu den sicheren Renditen privater Anlagen auf jeden Fall sehen lassen. Die Deutsche Rentenversicherung geht davon aus, dass die Renditen der gesetzlichen Rentenversicherung auch längerfristig zwischen 2 und 3 Prozent liegen werden. Davon sind die sicheren Sparangebote der Banken derzeit weit entfernt.

Außerdem beinhaltet die gesetzliche Rentenversicherung nicht nur „die Altersrente", sondern bietet weitaus mehr. Durch Ihre Einzahlungen erwerben Sie den Anspruch auf eine Erwerbsminderungsrente, falls Sie ernstlich erkranken. Möglich ist zudem, dass die Kosten für Reha-Maßnahmen übernommen werden. Die Hinterbliebenenrenten bieten Schutz für die Angehörigen, wenn Sie sterben.

Andererseits stimmt es natürlich: Die Regeln des Rentensystems sorgen dafür, dass vor allem viele Frauen im Alter mit wenig eigenem Geld auskommen müssen. Es kann vor allem diejenigen treffen, die lange berufliche Auszeiten hatten, viele Jahre nur Teilzeit beschäftigt waren oder zu einem niedrigen Gehalt gearbeitet haben oder auf Hartz-IV-Leistungen angewiesen waren. Solche Phasen drücken die Höhe der Rentenleistungen im Alter nach unten. Wenn dann kein Partner da ist, der diese eigenen finanziellen Einbußen auffängt, kann es eng werden am Monatsende.

Das 1 x 1 der Renten

Mit wie viel gesetzlicher Rente Sie rechnen können, richtet sich danach, wie viele sogenannte Entgeltpunkte Sie während Ihres Arbeitslebens und beruflicher Auszeiten – etwa als Mutter oder während der Pflege von Angehörigen – erwirtschaftet haben.

Für die beruflichen Zeiten gilt: Je höher der Verdienst und je höher die demnach gezahlten Beiträge an die Rentenkasse sind, desto mehr Entgeltpunkte wandern auf Ihr Konto. Wer in einem Jahr genau das Durchschnittseinkommen aller Beitragszahler verdient, erwirtschaftet genau einen Entgeltpunkt für sein Rentenkonto. Für 2018 gilt ein voraussichtliches Durchschnittseinkommen von 37 873 Euro brutto. Wer mehr als der Durchschnitt verdient, erhält dementsprechend mehr Punkte.

Verdienen Sie im Jahr 2018 zum Beispiel 45 000 Euro brutto, sind das knapp 19 Prozent über dem Durchschnitt. Damit sammeln Sie für 2018 etwa 1,19 Entgeltpunkte für Ihr Rentenkonto. Umgekehrt gilt: Wenn Sie 20 Prozent unter dem Durchschnitt verdienen – das wären 2018 knapp 30 300 Euro brutto –, sammeln Sie dieses Jahr nur 0,8 Entgeltpunkte für Ihr Rentenkonto.

Je mehr Entgeltpunkte am Ende des Berufslebens auf der Habenseite stehen, desto mehr Rente gibt es. Denn die Entgeltpunkte werden mit dem sogenannten aktuellen Rentenwert multipliziert und so in Euro umgerechnet. Wenn Sie zum Beispiel auf 45 Punkte kommen, ergibt sich nach derzeitigem Stand in den westlichen Bundesländern eine Monatsrente von etwa 1 396 Euro.

Eine Folge dieser Regelung: Wer heute wenig verdient und entsprechend wenig Beiträge an die Rentenkasse zahlt, hat im Alter weniger Rentenansprüche. Wenn Sie längere Zeit gar nicht oder nur wenig arbeiten, bekommen Sie zwar in bestimmten Lebenssituationen wie nach der Geburt auch in Sachen Rente erst einmal etwas Unterstützung vom Staat, aber diese hält nicht ewig. Die sogenannten Kindererziehungszeiten gibt es beispielsweise nur für maximal drei Jahre pro Kind. Während dieser Zeit gilt: Auch wenn ein Elternteil gar nicht gearbeitet hat, wird ihm – in den meisten Fällen der Mutter – pro Jahr ein Entgeltpunkt für das Rentenkonto gutgeschrieben. Sie wird also zumindest bei der Rente so gestellt, als hätte sie in dieser Zeit das Durchschnittseinkommen aller Beitragszahler verdient.

Von den Kindererziehungszeiten können Sie als Mutter auch profitieren, wenn Sie während der drei Jahre bereits wieder berufstätig sind. Je nach Verdienst kann es dann aber sein, dass Ihnen nicht der volle Entgeltpunkt für die Kindererziehung gutgeschrieben wird, sondern nur ein Teil.

Ein weiteres Plus ist durch die „Kinderberücksichtigungszeiten" möglich. Davon können Frauen bis zu zehn Jahre nach der Geburt ihres Kindes profitieren. Verdienen sie in dieser Phase unterdurchschnittlich, wird ihr Rentenanspruch aus dieser Zeit um bis zu 50 Prozent aufgestockt.

Achtung: Rentenrisiko Teilzeit!
Abseits der Erziehungszeiten machen sich berufliche Auszeiten und reduzierte Arbeitszeiten aber besonders deutlich bei der Rentenhöhe bemerkbar: Wer nach Ablauf der Kindererziehungszeiten mit einer Teilzeitstelle fünf Jahre lang zum Beispiel jeweils 1 Entgeltpunkt sammelt und nicht wie vor der beruflichen Auszeit 1,5 Punkte, büßt in den fünf Jahren 2,5 Entgeltpunkte für sein Rentenkonto ein – das wären nach derzeitigem Stand immerhin rund 75 Euro Monatsrente. Zehn Jahre Teilzeit würden unter diesen Voraussetzungen sogar etwa 150 Euro Monatsrente ausmachen.

Hier sind Einkommens- und Renteneinbußen aufgrund verpasster oder verspäteter Karrieresprünge nicht berücksichtigt. Durch sie steigt das Minus weiter, wie der folgende fiktive Lebenslauf zeigt:

Beispiel: Sabine wurde 1983 in Münster geboren. Sie hat nach dem Abitur eine kaufmännische Ausbildung absolviert, dann studiert. Ihre erste richtige Stelle hat sie Anfang 2011 in einem mittelständischen Unternehmen angetreten und dort gleich 15 Prozent mehr als das Durchschnittseinkommen verdient. Bis Ende 2016 hat sie durch Ausbildung, Nebenjobs im Studium und ihren anschließenden Vollzeitjob 10,15 Entgeltpunkte gesammelt.

- Nehmen wir nun an, sie ist Anfang 2017 Mutter geworden und plant, bis Ende 2019 – also volle drei Jahre – zu Hause zu bleiben. Während dieser Zeit sammelt sie 3 weitere Entgeltpunkte dank der Kindererziehungszeiten.
- Von 2020 bis Ende 2026 arbeitet sie Teilzeit, zunächst 15, später 20 Stunden die Woche. Sie profitiert von den Kinderberücksichtigungszeiten, doch letztlich sammelt sie in diesen sieben Jahren nicht mehr als 5,2 Rentenpunkte.
- Ab 2027 stockt Sabine weiter Stunden auf, arbeitet aber noch nicht ganz Vollzeit. Eine leitende Position hat sie nicht, doch sie verdient trotz reduzierter Stundenzahl immerhin das Durchschnittseinkommen aller Beitragszahler. So sammelt sie bis Ende 2037 immerhin 11 Entgeltpunkte für ihr Rentenkonto.
- Ab 2038 ergattert sie endlich eine attraktive Vollzeitstelle. Bis zum Ende Ihres Berufslebens im Jahr 2050 verdient sie jedes Jahr 35 Prozent mehr als der Durchschnitt. Das bringt ihr noch einmal weitere 17,55 Entgeltpunkte.
- Fazit: Insgesamt stehen 46,9 Entgeltpunkte zu Buche. Das entspricht nach derzeitigem Stand einer Monatsrente von rund 1455 Euro.

Ohne Babypause und Teilzeitphasen sähe die Rechnung anders aus: Angenommen Sabine hätte kein Kind bekommen, sondern 2017 einen ersten Karrieresprung gemacht:

- In den fünf Jahren von Anfang 2017 bis Ende 2021 verdient Sabine nicht 15, sondern 20 Prozent über dem Durchschnitt und sammelt 6 weitere Rentenpunkte.

Blick aufs Punktekonto

Wie viel Rente werde ich erhalten? Bevor die endgültige Abrechnung ins Haus steht, erhalten Sie regelmäßige Informationsschreiben der Rentenkasse – zunächst die „Renteninformationen", später die „Rentenauskunft". Behalten Sie damit den Überblick zu Ihrer möglichen Rente.

- 2022 wechselt sie den Arbeitgeber, verdient 30 Prozent über dem Durchschnitt – bis einschließlich Ende 2026. Diese fünf Jahre im neuen Job bringen ihr 6,5 Punkte für ihr Rentenkonto.
- Angenommen, ihr Arbeitgeber befördert sie ab 2027 zur Gruppenleiterin. In dem Job verdient Sabine bis zum Ende des Berufslebens jeweils 40 Prozent über dem Durchschnitt. In den 24 Jahren bis 2050 sammelt sie somit noch einmal 33,6 Entgeltpunkte.
- Fazit: Ohne eine berufliche Auszeit kommt Sabine auf 56,25 Entgeltpunkte – umgerechnet rund 1745 Euro Monatsrente nach heutigem Stand. Das wären rund 290 Euro mehr als im Beispiel mit Babypause und Teilzeitphasen.

Rentenrisiko Minijob

Sabine im vorherigen Beispiel hat nach der Geburt immerhin durchschnittlich verdient. Kritischer ist es, wenn Sie über einen langen Zeitraum im Minijob festhängen:
Beispiel: Anja lebt in Ulm. Sie hat sich nach der Geburt ihrer Kinder dafür entschieden, nur ein bisschen zum Familienbudget dazuzuverdienen. Sie wollte nicht mehr als einen Minijob, schließlich verdient ihr Mann gut, und sie selbst müsste bei einem höheren Einkommen ja Abgaben zahlen.

Für ihr eigenes Rentenkonto war diese Entscheidung keine gute Idee: Ein Jahr im Minijob bringen ihr für das Alter selbst im besten Fall derzeit einen Anspruch von nur knapp 4,50 Euro Monatsrente. Nach zehn Jahren Minijob ist sie somit bei höchstens rund 45 Euro Monatsrente, nach 20 Jahren bei gerade einmal 90 Euro.

Fällt der Minijob in die Jahre, in denen einer Mutter für das Rentenkonto Kindererziehungs- und Kinderberücksichtigungszeiten gutgeschrieben werden, ergibt sich zwar ein höherer Rentenanspruch, aber überragend werden die Werte trotzdem nicht.

Deshalb: Beziehen Sie in Ihre Überlegungen zu Familienauszeit und Teilzeit den Rentencheck mit ein. Überlegen Sie nicht nur, wie viel Auszeit Sie sich heute finanziell leisten können, sondern auch mit Blick auf die Zukunft (siehe auch „Mehr Brutto durch mehr Arbeitszeit", S. 64).

Wenn die Gesundheit nicht mehr mitspielt

Das Sammeln von Entgeltpunkten ist nicht nur für die Rente im Alter entscheidend, sondern auch für die Höhe einer Rente im Fall von Erwerbsminderung. Wenn Sie aus gesundheitlichen Gründen nicht mehr in der Lage sind, wie bisher berufstätig zu sein, können verschiedene Leistungen der Rentenkasse infrage kommen.

Für alle, die ab dem 2. Januar 1961 geboren wurden, gilt: Sie können eine Rente wegen voller Erwerbsminderung bekommen, wenn Sie gesundheitlich nicht mehr in der Lage sind, mindestens drei Stunden pro Tag in irgendeiner Form erwerbstätig zu sein. Eine Rente wegen teilweiser Erwerbsminderung kann fließen, wenn Sie zwar mehr als drei Stunden täglich arbeiten können, aber weniger als sechs Stunden.

Etwas günstiger sind die Regelungen für Sie, wenn Sie bis zum 1. Januar 1961 geboren wurden. Denn dann gilt für Sie trotz einer Rentenreform im Jahr 2001 noch das alte – günstigere – Rentenrecht. Das bedeutet: Sollten Sie nicht mehr in der Lage sein, sechs Stunden täglich in Ihrem Hauptberuf oder einem zumutbaren vergleichbaren Beruf zu arbeiten, haben Sie bereits einen Rentenanspruch: den Anspruch auf eine gesetzliche Berufsunfähigkeitsrente.

Der entscheidende Unterschied: In Ihrem Fall ist es unerheblich, ob womöglich ein anderer Beruf für Sie noch infrage käme, wenn Sie beispielsweise Ihrer bisherigen Tätigkeit als Gärtnerin nicht mehr nachgehen können. Es reicht, dass die Fähigkeiten für den erlernten oder einen mehr als zehn Jahre ausgeführten Beruf eingeschränkt sind.

Für alle, die in jungen Jahren schwer erkranken, zählen für die Rentenhöhe aber nicht nur die bisher erworbenen Entgeltpunkte: Die Ansprüche, die bisher auf dem Rentenkonto verzeichnet sind, werden mithilfe der sogenannten Zurechnungszeit hochgerechnet. Zuletzt hat die Rentenkasse die Ansprüche so hochgerechnet, als hätte der Leistungsempfänger bis zum 62. Geburtstag gearbeitet und entsprechend Rentenbeiträge gezahlt. Diese Zurechnungszeit

Die gesetzlichen Renten für Hinterbliebene und bei Erwerbsminderung werden allein zum Leben nicht reichen. Sichern Sie sich und Ihre Angehörigen zusätzlich über private Versicherungen ab. Besonders wichtig: die Berufsunfähigkeitsversicherung zur finanziellen Absicherung gegen den Verlust der Arbeitsfähigkeit und die Risikolebensversicherung als finanzielle Absicherung für Ihre Angehörigen.

wird seit Anfang 2018 stufenweise auf 65 Jahre angehoben. Trotzdem sollten Sie nicht allzu viel erwarten, denn im Schnitt lagen die Erwerbsminderungsrenten in der Vergangenheit bei etwa 750 Euro im Monat.

Schutz für Hinterbliebene

Für Ehepartner und Kinder gibt es mit den Hinterbliebenenrenten ein weiteres Sicherheitsnetz der gesetzlichen Rentenversicherung. Stirbt Ihr Ehepartner, können Sie eine Witwenrente bekommen. Waren Sie und Ihr Partner nicht verheiratet, gehen Sie allerdings leer aus. Der Rentenanspruch besteht im Regelfall, wenn ein Paar bis zum Tod eines Partners für mindestens ein Jahr verheiratet war. Eventuell ist eine Rentenzahlung auch schon bei kürzerer Ehe möglich, zum Beispiel wenn es ein Unfalltod war.

Die Höhe der Witwenrente wird von der Höhe des Rentenanspruchs des Verstorbenen abgeleitet. Es werden vier Formen der Witwenrente unterschieden – die große und die kleine Witwenrente, jeweils nach altem und nach neuem Recht.

Für alle vier Varianten gilt: Die Rente ist eine Hilfe, um finanziell besser über die Runden zu kommen. Doch sie allein wird kaum zum Leben reichen. Es gibt höchstens bis zu 60 Prozent des Rentenanspruchs des Partners, für viele junge Frauen höchstens 55 Prozent. Wenn keine minderjährigen Kinder zu versorgen sind, ist der Anspruch mit höchstens 25 Prozent des Rentenanspruchs des Partners deutlich niedriger.

→ Welche Rente für wen?

Wenn Sie ab dem 2. Januar 1962 geboren wurden oder erst ab 2002 geheiratet haben, fallen Sie unter das neue, ungünstigere Rentenrecht. Das bedeutet: Wenn Ihr Partner 2018 stirbt und Sie dann mindestens 45 Jahre und 7 Monate alt sind, haben Sie Anspruch auf die große Witwenrente – das sind 55 Prozent der Rentenansprüche Ihres Partners. Diesen Anspruch haben Sie unabhängig von Ihrem Alter ebenfalls, wenn Sie noch Kinder bis 18 Jahre erziehen. Wenn Sie keine Kinder haben und unter der Altersgrenze bleiben, bleibt nur die kleine Witwenrente. Anders als die große Witwenrente wird die „kleine" nach neuem Recht nicht unbegrenzt gezahlt, sondern nur für 24 Monate.

Eine weitere Schwierigkeit kommt für Hinterbliebene hinzu, nämlich, dass auf die Witwenrente ein eigenes Einkommen angerechnet wird. Wenn Sie also nach dem Tod des Partners wieder anfangen zu arbeiten, müssen Sie hinnehmen, dass Ihre Witwenrente eventuell gekürzt wird:

Beispiel: Die 50-jährige Christiane aus Bonn hat Ihren Mann bei einem Autounfall verloren. Sie hat Anspruch auf 780 Euro Witwenrente. Nach einer mehrmonatigen Auszeit beginnt sie wieder zu arbeiten und verdient monatlich 2400 Euro brutto. Derzeit dürfte sie nur ein Einkommen von

Wer kennt sich aus?

Wie hoch sind meine Ansprüche? Wann wird meine Rente gekürzt? Kommt das Rentensplitting infrage? Lassen Sie sich zur Hinterbliebenenversorgung unbedingt von einem Experten beraten. Kostenlose Beratung erhalten Sie in einer Beratungsstelle der Deutschen Rentenversicherung (Terminvergabe unter Tel. 0 800/48001000). Unter www.rentenberater.de können Sie sich einen freien Rentenberater suchen. Dieser verlangt zwar ein Honorar, doch die Ausgabe kann sich lohnen, wenn er das Beste für Sie herausholt.

819,19 Euro haben, damit ihre Rente nicht reduziert würde. Hätte sie Kinder, wäre der Freibetrag etwas höher.

Um die tatsächliche Rentenhöhe zu ermitteln, geht der Rentenversicherer nun wie folgt vor: Von Christianes Bruttoverdienst zieht er pauschal 40 Prozent für Steuern und Sozialabgaben ab. Von diesem „nettoisierten" Einkommen von 1440 Euro zieht er den Freibetrag von 819,19 Euro ab. Übrig bleiben 620,81 Euro. 40 Prozent von diesem Betrag rechnet der Rentenversicherer auf die Hinterbliebenenrente an, sodass Christianes Rente um 248,32 Euro gekürzt wird. Ihr bleiben damit nur knapp 532 Euro.

Wenn Sie nun denken, dass Sie mit einem Minijob neben der Witwenrente immer auf der sicheren Seite sind, liegen sie leider falsch: Auch ein Minijob kann dazu führen, dass die Hinterbliebenenrente gekürzt wird. Das hängt unter anderem davon ab, ob für Sie bei der Hinterbliebenenversorgung das alte oder das neue Rentenrecht gilt und wie viel und welche Art von weiteren Einkünften Sie haben. Wenn Sie unter die neuen rechtlichen Regelungen fallen – das tun unter anderem alle, die erst seit 2002 geheiratet haben –, müssen Sie hinnehmen, dass zum Beispiel auch Miet- oder Kapitaleinkünfte mit in die Rechnung der Rentenkasse einbezogen werden. Wenn Sie also beispielsweise aus Minijob und Mieteinkünften den Freibetrag von 819,19 Euro in den westlichen Bundesländern (783,82 Euro in den östlichen Ländern) monatlich überschreiten, wird Ihre Witwenrente gekürzt.

Alternativen zur Witwenrente

Das Beispiel von Christiane zeigt: Gerade wenn Sie selbst berufstätig sind, kann es Ihnen passieren, dass von der Witwenrente nicht viel übrig bleibt. Gut möglich, dass Ihnen das sogenannte Rentensplitting letztlich mehr bringt. Rentensplitting bedeutet, dass Sie auf die Witwenrente verzichten und dass Ihrem Rentenkonto stattdessen die Hälfte der Entgeltpunkte gutgeschrieben werden, die der verstorbene Partner im Laufe der Ehe erworben hat. Sie profitieren letztlich also erst im Ruhestand von der

Hinterbliebenenversorgung: weil Ihnen neben Ihren eigenen Rentenansprüchen zum Teil die Anwartschaften Ihres Partners zustehen. Das kommt jedoch nicht für alle Frauen infrage, einige Voraussetzungen müssen erfüllt sein. Zum Beispiel müssen Sie eine bestimmte Anzahl an Versicherungsjahren aufweisen.

Ob die Witwenrente oder das Rentensplitting letztlich günstiger ist, lässt sich nicht auf die Schnelle entscheiden. Holen Sie sich Hilfe eines Experten, und wägen die Vor- und Nachteile ab. Es reicht, wenn Sie den Antrag auf Rentensplitting innerhalb von zwölf Monaten nach dem Tod Ihres Partners stellen. Beantragen Sie zunächst eine Witwenrente und überlegen dann in Ruhe, ob Sie zum Splittingverfahren wechseln.

→ Erziehungsrente

Sie sind geschieden und Ihr Expartner stirbt? Dann können Sie für Ihr Kind eine Erziehungsrente beantragen. Die Rente fließt an geschiedene Ehepartner, wenn sie ein Kind erziehen und keine erneute Ehe oder eingetragene Lebenspartnerschaft eingegangen sind. Sie ist eine Art Ersatz für den Unterhalt des Expartners. Die Rentenhöhe wird anhand der eigenen, bisher erworbenen Rentenansprüche ermittelt. Die Erziehungsrente ist so hoch wie eine Rente wegen voller Erwerbsminderung wäre.

Die Waisenrente bringt etwas Entlastung für Kinder

Wenn Sie Mutter sind und Ihnen und/oder dem anderen Elternteil etwas zustößt, haben Ihre Kinder im Ernstfall ebenfalls einen Rentenanspruch: auf die Halb- beziehungsweise die Vollwaisenrente. Diese Renten werden grundsätzlich bis zum 18. Geburtstag gezahlt. Sind die Kinder noch in der Ausbildung, kann die Rente bis zum 27. Geburtstag fließen.

Auch hier ergibt sich ein abgeleiteter Rentenanspruch. Die Halbwaisenrente beträgt 10 Prozent der Rentenansprüche des verstorbenen Elternteils. Bei der Vollwaisenrente prüft der Rentenversicherer, welcher Elternteil bis dato den höheren Rentenanspruch hatte. 20 Prozent davon werden als Waisenrente gezahlt.

Allzu hoch wird die monatliche Leistung allerdings häufig nicht ausfallen:

Beispiel: Simone ist 52 und hat eine 16-jährige Tochter Lea. Ihr Mann ist im Alter von 56 Jahren plötzlich gestorben.

Der Rentenversicherer ermittelt für den Familienvater einen bis dato erworbenen Rentenanspruch von 940 Euro monatlich. Allerdings ist der Vater weit vor dem eigentlichen Renteneintrittsalter verstorben, sodass der bisherige Rentenanspruch für jeden vorgezogenen Monat um 0,3 Prozent gekürzt wird, maximal um 10,8 Prozent. Durch diesen Abschlag bleiben 838,48 Euro übrig. Lea steht damit eine Halbwaisenrente von knapp 84 Euro im Monat zu.

Vorsorgen mit staatlicher Hilfe

Riester-, Rürup- und Betriebsrente: Diese drei Formen staatlich geförderter Altersvorsorge gibt es. Sie können sich lohnen, doch sie haben alle ihre Tücken.

Sicher ist, dass die gesetzliche Rente allein für die finanzielle Absicherung im Alter nicht reichen wird. Doch gerade im Moment in der Zeit niedriger Zinsen fällt die Entscheidung für die zusätzliche Altersvorsorge nicht leicht: Wo lässt sich überhaupt noch etwas herausholen, fragen sich viele. Dazu die häufig wiederkehrenden Meldungen zum schlechten Ruf der Riester-Rente oder über die eher kompliziert erscheinende Betriebsrente mit ihren neuen Regeln. Und ein Rürup-Vertrag: Heißt es da nicht immer, dass der höchstens etwas für Selbstständige ist?

Diese drei Vorsorgevarianten – Riester-, Betriebs- und Rürup-Rente – haben tatsächlich einige Schwächen, die Sie kennen und vor einem Vertragsabschluss bedenken sollten. Doch sie haben auch einen entscheidenden Vorteil: Der Staat unterstützt Sie bei Ihrer Vorsorge, und das zum Teil enorm. Dadurch lohnen sich die Verträge in bestimmten Lebenssituationen doch:

- **Riester-Rente:** Sie profitieren von direkten staatlichen Zulagen und können eventuell zusätzlich Steuern sparen. Diese Form der Vorsorge ist dank der Zulagen besonders interessant, wenn Sie Kinder haben. Auch wenn Sie den Kauf oder Bau einer Immobilie planen, bietet die Riester-Förderung interessante Möglichkeiten. Für Gutverdiener lohnt sich der Riester-Vertrag als Steuersparmodell.
- **Altersvorsorge über den Betrieb:** Wenn Sie einen Teil Ihres Gehalts in eine Betriebsrente investieren, sparen Sie Steuern und häufig auch Sozialabgaben. Gerade wenn Sie einen sicheren Arbeitsplatz haben und wenn der Chef Sie beim Sparen unterstützt, lohnt sich die betriebliche Vorsorge. Ab 2019 ist die Unterstützung des Chefs bei Neuverträgen Pflicht, einige Jahre später auch bei laufenden Verträgen.
- **Rürup-Rente:** Durch die Einzahlungen in einen solchen Vertrag können Sie Steuern sparen. Das kann sich für Selbstständige lohnen, die nicht in die gesetzliche Rentenkasse einzahlen. Besonders attraktiv ist der Vertrag für Angestellte und Selbstständige, wenn Sie ein hohes Einkommen haben und entsprechend viele Steuern zahlen müssen, denn dann ist die Ersparnis durch den Rürup-Vertrag besonders groß.

Besser als gedacht
Zweimal 300 Euro Kinderzulage, dazu 175 Euro Grundzulage: Entscheidet sich eine zweifache Mutter für einen Riester-Vertrag, kann sie jährlich bis zu 775 Euro vom Staat bekommen.

Wie attraktiv die staatliche Unterstützung sein kann, zeigt folgendes Beispiel zur Riester-Rente:

Beispiel: Anne ist Anfang 40 und Mutter von zwei Kindern, sechs und acht Jahre alt. Sie hat 2017 in Teilzeit 22 000 Euro verdient. Wenn sie 2018 nun 105 Euro (umgerechnet wären das monatlich 8,75 Euro) in einen Riester-Vertrag welcher Art auch immer einzahlt, bekommt sie vom Staat 775 Euro geschenkt. Dieses Geld – die staatlichen Zulagen und ihre eigenen Einzahlungen – sind ihr sicher, wenn sie in den Ruhestand geht und ihre Riester-Rente ausgezahlt bekommt.

Riester gerade für Mütter eine Chance

Das Beispiel von Anne zeigt: Vor allem für Frauen mit Kindern kann der Riester-Vertrag dank der staatlichen Zulagen sehr attraktiv sein. Wer einen Riester-Vertrag abschließt, erhält jährlich

- bis zu 175 Euro als Grundzulage,
- bis zu 300 Euro Zulage für ein ab 2008 geborenes Kind
- bis zu 185 Euro für ältere Kinder.
- 200 Euro einmaliger Bonus, wenn der Sparer bei Vertragsabschluss noch keine 25 Jahre alt ist.

Die vollen staatlichen Zulagen gibt es, wenn in den Riester-Vertrag inklusive der Zulagen mindestens 4 Prozent des Vorjahresbruttoeinkommens eingezahlt werden. Der Mindesteigenbetrag liegt bei 60 Euro im Jahr.

Wenn Sie beispielsweise im vergangenen Jahr komplett in Elternzeit waren und kein eigenes Einkommen hatten, reicht dieser Mindestbeitrag aus, um die vollen staatlichen Zulagen zu bekommen. Wenn Sie aber selbst verdient haben wie Anne im Beispiel oben, sollten Sie genau rechnen, mit welchem Eigenbeitrag Sie es schaffen können, die volle staatliche Förderung zu beziehen:

Angenommen, Sie haben 2017 wie Anne 22 000 Euro verdient. Dann müssen Sie 2018 für die volle staatliche Zulage auf Riester-Beiträge von 880 Euro (4 Prozent von 22 000 Euro) kommen. Wenn Anne für sich und die zwei Kinder insgesamt 775 Euro Zulagen haben will (175 plus 300 plus 300

Euro), muss sie also 105 Euro aus eigener Tasche aufbringen. Natürlich wird eine Riester-Rente, die sich aus so niedrigen Einzahlungen ergibt, eher mäßig ausfallen, höhere Einzahlungen bringen mehr.

Gefördert werden pro Person Einzahlungen bis 2100 Euro jährlich: Bis zu dieser Grenze erkennt das Finanzamt Eigenbeiträge und Zulagen als Sonderausgaben an. So sinkt Ihr zu versteuerndes Einkommen und Sie müssen weniger Steuern zahlen.

Das Beispiel von Anne zeigt aber auch: Wenn Sie keine Kinder haben, ist ein Riester-Vertrag erst einmal deutlich unattraktiver. Als alleinstehender Sparerin ist Ihnen als staatliche Förderung nur die Grundzulage von bis zu 175 Euro sicher. Doch dabei muss es nicht bleiben: Je nach Einkommen ist für Riester-Sparer noch ein attraktiver Steuervorteil möglich:

Beispiel: Sabine hat 2016 und 2017 jeweils 52 500 Euro brutto verdient. 2017 hat sie selbst 1946 Euro Riester-Beiträge gezahlt und die im Vorjahr noch geltende Grundzulage von 154 Euro erhalten. So hat sie die volle Riester-Förderung von 2100 Euro im Jahr ausgeschöpft. Da das Finanzamt die Beiträge als Sonderausgaben anerkennt, spart sie 615 Euro Steuern. 2017 hat sie also insgesamt 769 Euro vom Staat bekommen: 154 Euro Zulage plus 615 Euro Steuererstattung.

Doch auch ohne Kinderzulagen und Steuervorteil kann ein Riester-Vertrag infrage kommen, wenn Sie zum Beispiel den Bau oder Kauf einer Immobilie planen. In dem Fall kann ein geförderter Bausparvertrag interessant sein. Ohne Immobilienpläne dürfte es aber bessere Alternativen für die Vorsorge geben, zum Beispiel eine Betriebsrente. Erkundigen Sie sich bei Ihrem Arbeitgeber, was er bietet

Nicht jeder Vertrag gleich gut geeignet

Wenn Sie sich für einen Riester-Vertrag entscheiden, haben Sie verschiedene Varianten zur Auswahl. Besonders weit verbreitet sind noch immer Riester-Rentenversicherungen, stark im Kommen sind geförderte Bausparverträge (siehe 30 Sekunden Fakten, S. 107), Weitere Alternativen sind geförderte Fonds- und Banksparpläne. Möglich ist auch ein geförderter Immobilienkredit. Außerdem dürfen Sie bereits gespartes Riester-Vermögen, etwa in einer Rentenversicherung, für die Tilgung eines Immobiliendarlehens nutzen.

Mit dem Abschluss der weitverbreiteten Rentenversicherung sind enorme Kosten verbunden. Einen Riester-Bausparvertrag sollte nur abschließen, wer auch tatsächlich den Kauf oder Bau einer Immobilie plant. In dem Fall ist der Vertrag aber besonders gut geeignet.

Für jüngere Frauen ohne Immobilienpläne empfiehlt sich ein Riester-Fondssparplan, da mit ihm zumindest die Chance besteht, attraktive Renditen zu erzielen. Außerdem ist der Abschluss günstiger als der Abschluss einer geförderten Versicherung. Und Sie müssen sich trotz des Fondsinvestments keine Sorgen machen: Selbst wenn die Anteile in Ihrem Riester-Fondssparplan Verluste machen – Ihre eigenen Einzahlungen und die staatliche Förderung sind Ihnen auf jeden Fall sicher.

Als weitere Riester-Alternative war lange Zeit der geförderte Banksparplan eine gute und vor allem günstige Wahl. Die Banksparpläne werfen zwar nur minimale Zinsen ab, aber die waren und sind den Sparern zumindest neben ihren Einzahlungen sicher. Außerdem konnten die Kunden hohen Abschlusskosten entgehen und problemlos auf das angesparte Vermögen zurückgreifen, wenn sie sich einige Jahre später doch noch für eine Immobilie interessieren.

Allerdings haben die Banken diese Sparpläne für Neukunden weitgehend vom Markt genommen, es gibt nur noch wenige Anbieter, die regional begrenzt einen solchen Sparplan mit Riester-Förderung anbieten. Damit wird der Neuabschluss immer schwieriger. Wer allerdings schon einen Vertrag hat, kann diesen weiter besparen.

Viele mit Anspruch auf Förderung

Viele Frauen haben einen eigenen oder zumindest einen abgeleiteten Anspruch auf die staatliche Förderung. Einen direkten Anspruch darauf haben alle mit einer sozialversicherungspflichtigen Beschäftigung und Eltern in Elternzeit. Wer einen Minijob ausübt, kann die Förderung bekommen, wenn er aus eigener Tasche den Beitrag aufstockt, den der Arbeitgeber an die Renten-

30 SEKUNDEN FAKTEN

65,3%

Knapp zwei Drittel der rund 16,5 Millionen Riester-Verträge sind Rentenversicherungen. Die Zahl der Versicherungen ist aber zuletzt stetig gesunken auf knapp 10,8 Millionen im Herbst 2017.

1,75 MIO.

Vor allem das Angebot Wohn-Riester kommt an: Innerhalb von sechs Jahren hat sich die Zahl der Verträge zur Immobilienfinanzierung verdoppelt.

20%

Das Bundesarbeitsministerium geht davon aus, dass etwa jeder fünfte Riester-Vertrag ruhend gestellt ist, dort also keine Beiträge mehr eingezahlt werden.

Quelle: Bundesarbeitsministerium

kasse zahlt. Minijobber, die einen Riester-Vertrag haben oder abschließen wollen, sollten sich also nicht von der eigenen Beitragspflicht zur Rentenkasse befreien lassen. Mehr zu den Minijob-Regeln auf S. 68.

Ansonsten bleibt Minijobbern wie auch vielen Selbstständigen nur, die staatliche Förderung über ihren Ehepartner oder eingetragenen Lebenspartner zu bekommen. Voraussetzung dafür ist, dass der Partner einen direkten Förder-Anspruch und selbst einen Riester-Vertrag abgeschlossen hat. Dann kann derjenige ohne direkten Anspruch auf die staatliche Förderung ebenfalls einen Vertrag abschließen und über den Ehepartner von der staatlichen Unterstützung profitieren.

Haben beide Ehepartner direkten Anspruch auf die Förderung, können sie beide jeweils bis zur Höchstgrenze von 2100 Euro jährlich in den Vertrag einzahlen. Hat nur ein Partner den direkten Förderanspruch, kann das Paar zusammen bis zu 2160 Euro jährlich sparen. Wie die beiden Partner diesen Wert untereinander aufteilen, spielt keine Rolle – wichtig ist nur, dass sie die Mindestzahlung von 60 Euro im Jahr je Vertrag einhalten.

Betriebsrente: Der Chef muss künftig mit bezahlen

Die zweite Form der geförderten Altersvorsorge – die Vorsorge über den Betrieb – soll mehr Bedeutung bekommen und attraktiver werden. Das war das Ziel der vorherigen Bundesregierung, die im Sommer 2017 einige Reformen auf den Weg gebracht hat. Dadurch sollten vor allem die Mitarbeiter in kleinen und mittleren Unternehmen mehr Chancen auf eine betriebliche Vorsorge bekommen, und auch für Mitarbeiter mit geringem Einkommen soll diese Form der staatlich geförderten Altersvorsorge attraktiver werden.

Es gibt fünf verschiedene Formen der betrieblichen Vorsorge: Direktversicherung, Pensionsfonds, Pensionskasse, Unterstützungskasse und Direktzusage. Der Arbeitgeber wählt das jeweilige Modell und den Anbieter aus. Sie als Mitarbeiterin haben einen Rechtsanspruch auf Entgeltumwandlung und können den Arbeitgeber beauftragen, einen Teil Ihres Verdienstes steuer- und sozialabgabenfrei in den Vorsorgevertrag einzuzahlen. Für 2018 bleiben Einzahlungen bis 6240 Euro komplett steuer- und sozialabgabenfrei. Bei Verträgen, die ab 2005 geschlossen wurden, ist es in der Regel möglich, weitere 1800 Euro zwar nicht sozialabgabenfrei, aber immerhin steuerfrei vom Gehalt abzuzweigen und in die Vorsorge zu investieren.

Diese Form der Vorsorge ist vor allem dann interessant, wenn Ihr Arbeitgeber Ihren eigenen Beitrag für die Betriebsrente aufstockt. Das war lange Zeit keine Pflicht, doch das wird sich ab 2019 für jeden neu abgeschlossenen Betriebsrentenvertrag ändern. Der Arbeitgeber muss dann für Neuverträge mindestens 15 Prozent der eigenen

Einzahlung in den Rentenvertrag investieren. Ab 2022 gilt das auch für bereits abgeschlossene Verträge.

Betriebs- und Riester-Renten werden nicht mehr ab dem ersten Euro auf die Grundsicherung angerechnet.

Insgesamt lohnt sich die Betriebsrente derzeit vor allem für Mitarbeiter größerer Unternehmen, wenn der Arbeitgeber einen günstigen Gruppentarif mit dem Versorgungsträger vereinbaren kann. Vorteilhaft ist es außerdem, wenn Sie einen sicheren Arbeitsplatz haben und davon ausgehen, dass ein Jobwechsel eher unwahrscheinlich ist. Denn wenn Sie einen neuen Arbeitgeber haben, gibt es zwar einen Rechtsanspruch darauf, dass Sie Ihr angespartes Guthaben mitnehmen dürfen, nicht aber darauf, dass Sie Ihren bisherigen Vertrag fortführen können. Ihr neuer Arbeitgeber ist nur verpflichtet, Ihr Guthaben in eines seiner Versorgungssysteme einzuzahlen. Damit können Sie nicht sicher sein, die bisherigen Konditionen zu behalten.

Eine weitere Gesetzesänderung hilft, die betriebliche Vorsorge auch bei niedrigem Einkommen attraktiver zu machen: Betriebs- und Riester-Renten werden im Alter nicht mehr ab dem ersten Euro auf die Grundsicherung angerechnet. 100 Euro im Monat bleiben mindestens außen vor, wenn jemand auf Grundsicherung im Alter – also auf finanzielle Unterstützung vom Staat – angewiesen ist. Sind die Zusatz-Renten höher, bleibt ein weiterer Teil davon außen vor (bis zu 208 Euro monatlich im Jahr 2018). Vor der Gesetzesänderung sorgten die zusätzlichen Renten vom ersten Euro an dafür, dass die Grundsicherung niedriger ausfiel.

→ Geld zu Rentenbeginn

Im Vergleich zu einem Riester-Vertrag sind Sie mit einer Betriebsrente weniger flexibel. Während Sie angespartes Riester-Vermögen zur Finanzierung einer Immobilie nutzen können, ist das bei der Betriebsrente nicht möglich. Sie kommen tatsächlich erst zum Ende der Laufzeit an Ihr Geld.

Rürup-Rente: Steuervorteil ja, aber wenig Flexibilität

Die dritte Form der geförderten Altersvorsorge, die Rürup-Rente, hilft beim Steuersparen, dennoch ist sie für viele Frauen nicht geeignet. In der Regel handelt es sich bei den Rürup-Verträgen um Rentenversicherungen.

Die staatliche Förderung funktioniert so: Die Beiträge, die Sie in einen Rürup-Vertrag einzahlen, können Sie – wie zum Beispiel auch Ihre Beiträge an die gesetzliche Rentenkasse – als Sonderausgaben in der Steuererklärung geltend machen. Dadurch sinkt

Ihr zu versteuerndes Einkommen, und Sie müssen weniger Steuern zahlen. Je höher Ihr Einkommen ist, desto mehr Steuern können Sie mithilfe dieser Beiträge sparen.

Im Jahr 2018 werden Einzahlungen bis 23712 Euro gefördert: 86 Prozent davon erkennt das Finanzamt als Sonderausgaben an – also maximal 20392 Euro.

Selbstständige, die nicht in die gesetzliche Rentenkasse einzahlen, könnten tatsächlich knapp 24000 Euro im Jahr für einen Rürup-Vertrag ausgeben. Arbeitnehmer haben weniger Spielraum: Sie müssen den Höchstbetrag um die Summe kürzen, die sie und ihr Chef als Beiträge an die gesetzliche Rentenkasse leisten. Dennoch hätte 2017 zum Beispiel eine Angestellte mit 50000 Euro Jahresbrutto bis zu 14000 Euro geförderte Rürup-Beiträge zahlen können.

Wenn Sie selbstständig sind und keine andere Möglichkeit haben, um mit staatlicher Förderung für später vorzusorgen, kann eine Rürup-Rente interessant sein. Sie sollten sich allerdings ziemlich sicher sein, dass Sie die Beiträge für den Rürup-Vertrag auf Dauer aufbringen können und ihn nicht vorzeitig kündigen müssen. Denn in dem Fall machen Sie Verluste.

Je nach finanzieller Lage empfiehlt es sich deshalb häufig, eher auf flexiblere Anlagen zu setzen als auf den langlaufenden Rürup-Vertrag. Mehr Informationen zu Chancen, aber eben auch zu den Risiken der Rürup-Verträge lesen Sie unter www.test.de/ruerup.

Hilfe von Staat und Chef

Gerade für Beschäftigte mit eher wenig Einkommen gibt es eine weitere interessante Möglichkeit, finanzielle Unterstützung fürs Sparen und Vorsorgen zu bekommen: Vermögenswirksame Leistungen (VL), auf die in Deutschland laut Tarifvertrag oder Betriebsvereinbarung rund 20 Millionen Beschäftigte Anspruch haben. Wenn Sie zu dieser Gruppe gehören, erhalten Sie je nach Einkommen eine Finanzspritze vom Arbeitgeber und eventuell noch vom Staat, wenn Sie Ihr Geld beispielsweise in einen Fondssparplan oder einen Bausparvertrag investieren.

Je nach Branche können Angestellte bis zu 40 Euro im Monat als Geschenk vom Arbeitgeber erhalten.

Sparer mit niedrigem Einkommen unterstützt zusätzlich der Staat: Haben Sie und Ihr Ehemann zum Beispiel ein zu versteuerndes Einkommen von höchstens 40000 Euro im Jahr, können Sie die Arbeitnehmersparzulage von bis zu 160 Euro erhalten.

→ Nutzen Sie Ihre Gelegenheit!

Geld von Staat und Arbeitgeber? Wenn Sie nicht sicher sind, ob Ihnen diese Unterstützung zusteht, haken Sie bei Ihrem Arbeitgeber nach. Mehr zu den Angeboten und Förderbedingungen lesen Sie auf der Homepage der Stiftung Warentest: www.test.de, Stichwort: Vermögenswirksame Leistungen.

Mehr Freiheiten
Wenn Sie angestellt sind, dürfen Sie ab 50 freiwillige Beiträge an die gesetzliche Rentenkasse zahlen. Die Renditen solcher Zahlungen können sich im Vergleich zu anderen Vorsorgeverträgen sehen lassen.

Vorsorgen ohne staatliche Förderung

Zahlen Sie wenn möglich freiwillig in die gesetzliche Rentenkasse ein. Auch den Weg in Börseninvestments sollten Sie auf lange Sicht nicht scheuen.

Lange Zeit wäre der folgende Tipp kaum denkbar gewesen: Wenn Sie die Möglichkeit haben, zahlen Sie freiwillig Beiträge an die gesetzliche Rentenversicherung – das bringt Ihnen mehr als etwa der Abschluss einer privaten Rentenversicherung.

Heute ist ein solcher Tipp Realität, denn während die Einzahlungen an die gesetzliche Rentenkasse derzeit noch eine Rendite von rund 3 Prozent bringen, sind die garantierten Leistungen aus privaten Versicherungsverträgen deutlich zurückgegangen. Der Garantiezins liegt gerade noch bei 0,9 Prozent. Wie hoch darüber hinaus gehende Zahlungen der Versicherer sein werden, ist nicht mit Sicherheit zu sagen.

Freiwillige Beiträge als Chance

Freiwillige Zahlungen an die gesetzliche Rentenversicherung sind somit eine Chance, mehr herauszuholen. Allerdings kann sie nicht jeder leisten, sie kommen nur für bestimmte Personengruppen infrage. Das gilt zum Beispiel für viele Selbstständige. Die meisten von ihnen, zum Beispiel Betreiber von Cafés oder Händler, sind nicht verpflichtet, Beiträge an die gesetzliche Rentenversicherung zu leisten. Doch sie können freiwillig zwischen 83,70 und 1209 Euro monatlich an die Rentenkasse zahlen und so ihren Rentenanspruch im Alter erhöhen.

Als Angestellte kommen freiwillige Beiträge für Sie nur ab einem Alter von 50 Jahren infrage. Die Regeln dafür sind etwas komplexer und hängen mit der Möglichkeit zusammen, vorzeitig in Rente zu gehen:

Der Gesetzgeber sieht vor, dass Sie je nach Geburtsjahr irgendwann im Alter zwischen 65 und 67 Jahren in Rente gehen. Wenn Sie 1964 oder später geboren wurden, ist der Rentenbeginn mit 67 Jahren vorgesehen. Unter bestimmten Voraussetzungen, nämlich wenn Sie sehr viele Versicherungsjahre in der gesetzlichen Rentenversicherung nachweisen können, dürfen Sie aber vorzeitig Rentenleistungen beziehen.

Wenn Sie 45 Jahre Versicherungszeit in der gesetzlichen Rentenversicherung nachweisen, ist der vorzeitige Rentenbeginn ab dem Alter von 63 Jahren für Sie quasi kostenlos. Wenn Sie allerdings nur 35 Versicherungsjahre nachweisen, dürfen Sie zwar ebenfalls mit 63 Jahren vorzeitig in Rente gehen, doch Sie müssen für den vorzeitigen Rentenbeginn Abschläge bei der monatlichen Rente in Kauf nehmen. Für jeden Monat des vorzeitigen Beginns wird die Rentenkasse Ihnen 0,3 Prozent des eigentlichen Rentenanspruchs abziehen. Wer beispielsweise ein Jahr vorzeitig geht, verliert also 3,6 Prozent der Leistungen.

Hier kommen nun die freiwilligen Rentenbeiträge ab 50 ins Spiel. Mit ihnen können Sie die Abschläge für den vorzeitigen Rentenbeginn ausgleichen. Die Rechnung funktioniert so:

Beispiel: Silvia wurde 1958 geboren und hat sich 2017 ausrechnen lassen, wie viel freiwillige Beiträge sie aufbringen müsste, um einen vorzeitigen Rentenbeginn auszugleichen. Sie kann im Alter von 66 Jahren regulär in Rente gehen. Angenommen, ihre Rente läge dann bei 1309 Euro.

Bis zu ihrem 63. Geburtstag kommt Silvia in diesem Beispiel auf eine monatliche Bruttorente von 1218 Euro, wenn sie in den alten Bundesländern bis dahin 40 Jahre lang durchschnittlich verdient hat. Bei einem Rentenbeginn mit 63 Jahren beträgt der Abschlag 10,8 Prozent (36 Monate x 0,3). Das ergibt rund 132 Euro Abschlag, sodass 1086 Euro übrig bleiben. Um diesen Abschlag komplett auszugleichen und im Alter auf die vollen 1208 Euro Rente zu kommen, muss sie freiwillig 33602 Euro an die Rentenkasse zahlen.

Der Vorteil: Auch wenn Silvia freiwillig zahlt, um mögliche Abschläge zu umgehen, muss sie nicht vorzeitig in Rente gehen. Sie kann sich überlegen, doch weiterzuarbeiten und erst regulär mit 66 Jahren in den Ruhestand zu gehen. Zahlt sie bis dahin weiter Rentenbeiträge für ihren Verdienst, bekommt sie letztlich noch mehr als die 1208 Euro Rente: Sie käme dann voraussichtlich auf 1441 Euro Monatsrente.

Eine Zahlung von über 33000 Euro? Eine so hohe Summe klingt erst einmal abschreckend! Doch keine Sorge: Es sind auch kleinere Zahlungen möglich, mit denen Sie die Abschläge zumindest teilweise ausgleichen können. Außerdem müssen Sie die freiwilligen Beiträge zum Ausgleich der Rentenabschläge nicht auf einmal aufbringen, sondern Sie können sie über mehrere Jahre strecken. Pro Kalenderjahr sind zwei Zahlungen möglich.

→ Freiwillige Beiträge – ja oder nein?

Sie haben ein größeres Polster zur Verfügung, zum Beispiel die Auszahlung aus einer Kapitallebensversicherung oder Geld aus einer Erbschaft? Lassen Sie sich bei der gesetzlichen Rentenversicherung beraten, um zu klären, mit welcher Summe Sie die Abschläge durch einen vorzeitigen Rentenbeginn ausgleichen können. Die Beratung ist kostenlos. Termine vereinbaren Sie unter der Telefonnummer 0800/4800 1000.

Keine Angst vor Börsengeschäften

Die freiwilligen Rentenbeiträge kommen im Moment nicht für Sie infrage – zum Beispiel, weil Sie nicht selbstständig sind und als angestellt Beschäftigte noch nicht alt genug sind, um freiwillig Beiträge einzahlen zu dürfen? Die Möglichkeiten der staatlich geförderten Altersvorsorge haben Sie bereits ausgeschöpft – etwa mithilfe eines Riester-Vertrag, wenn Sie Kinder haben oder in Form einer Betriebsrente, wenn Ihr Chef Geld dazugibt?

Wenn Sie weiteres Geld für später anlegen wollen, können Investmentfonds ein wertvoller Baustein für Ihre persönliche Vorsorgestrategie sein. Denn vor allem mit einem Fonds, der in Aktien investiert, stehen die Chancen sehr gut, auf lange Sicht eine ordentliche Rendite zu erzielen.

Allerdings sollten Sie beachten, dass mit dem Fondsinvestment immer ein gewisses Risiko verbunden ist – es kann Ihnen passieren, dass Sie Verluste machen. Deshalb sollten Sie sich genau überlegen, wie viel Geld Sie so anlegen wollen und können und in welchen Fonds Sie investieren.

Für die langfristige Anlage, die vergleichsweise wenig kostet und wenig Mühe macht, eignen sich Sparpläne auf börsengehandelte Indexfonds („ETF" – Exchange Traded Funds) besonders gut. Allerdings auch nicht alle. Um das Risiko so gering wie möglich zu halten, sollten Sie ETF wählen, die einen weltweiten Index wie den MSCI World abbilden oder sich zumindest auf den europäischen Markt beziehen. Ein Index auf den deutschen Aktienindex Dax bedeutet hingegen ein höheres Risiko, da dieser Index nur deutsche Aktien abbildet und daher nicht breit genug gestreut ist.

Doch welcher Fonds eignet sich nun genau für Ihre Altersvorsorge? Die Stiftung Warentest bewertet regelmäßig aktiv gemanagte Fonds und ETF. Außerdem hat sie mit den „Pantoffel-Portfolios" verschiedene Depotvorschläge entwickelt, die sich auch für Einsteiger eignen. Wenn Sie sich danach richten, investieren Sie sowohl in Aktien- als auch in sichere Zinsanlagen. Der „Welt-Pantoffel" (siehe Grafik S. 128) eignet sich auch für Börsenneulinge, um mithilfe von ETF für das Alter vorzusorgen.

Den Schritt zu den Fonds als Teil der Altersvorsorgestrategie können Sie wagen, wenn Sie auf lange Sicht – mindestens zehn, besser noch 15 Jahre – investieren wollen.

Ausführliche Informationen zur Funktionsweise von Fonds, zu den einzelnen Arten und zu Chancen und Risiken lesen Sie im Kapitel „Erfolgreich Sparen" ab S. 117.

Vorsorgen mit Versicherungen

ETF auf den MSCI World brachten in den vergangenen Jahren eine durchschnittliche Rendite von rund 6 Prozent jährlich. Davon können Sie nur träumen, wenn Sie sich bei Ihrer Vorsorge allein auf sichere Sparprodukte oder auf Versicherungsverträge konzentrieren.

Es ist noch gar nicht so lange her, dass Kapitallebens- und Rentenversicherungen für die Altersvorsorge gern genutzte und auch erfolgversprechende Modelle waren. Entweder konnten die Versicherten dann nach einer längeren Ansparzeit auf eine größere Summe zurückgreifen, oder sie konnten sich eine lebenslange Rente sichern oder beides. Für die eingezahlten Beiträge gab es eine garantierte Rendite, die zum Beispiel um die Jahrtausendwende noch bei über 3 Prozent lag. Die Erträge waren über viele Jahre sogar komplett steuerfrei oder höchstens zu einem im Vergleich zu anderen Anlagen eher geringen Satz steuerpflichtig.

Doch die Zeiten haben sich geändert. Die garantierten Renditen solcher Verträge, bei denen die Versicherer das Geld ihrer Kunden überwiegend in sichere Zinsanlagen investieren, sind deutlich gesunken – als garantierte Verzinsung gibt es für die klassische Renten- oder Lebensversicherung bei neu abgeschlossenen Verträgen im Jahr 2018 nur noch 0,9 Prozent. Und diese Rendite erwirtschaften Sie nicht einmal mit Ihrer gesamten Einzahlung, sondern nur mit dem Teil, der nach Abzug der Ausgaben des Versicherers für Verwaltung und Vertragsabschluss übrig bleibt.

Viele Versicherer sind sogar dazu übergegangen, nur noch Verträge ohne eine garantierte Verzinsung anzubieten. Dafür bieten sie an, ihre Kunden stärker an ihren Überschüssen zu beteiligen. Deren Höhe ist allerdings nicht garantiert.

> **Wählen Sie eine fondsgebundene Versicherung, fließt ein Großteil Ihrer Beiträge nicht in sichere Sparanlagen, sondern in Investmentfonds.**

Allein diese Voraussetzung und die Tatsache, dass Sie sich über einen sehr langen Zeitraum an einen eher teuren Versicherungsvertrag binden, sprechen dagegen, in der heutigen Zeit noch einen neuen Vertrag über eine klassische Kapitallebens- oder Rentenversicherung abzuschließen.

Wenn Ihnen die Sicherheit wichtig ist, im Alter eine garantierte lebenslange Rente zu beziehen, schauen Sie zunächst, ob eine staatlich geförderte Riester-Rentenversicherung infrage kommt. Dann profitieren Sie zumindest von den staatlichen Zulagen und eventuell zusätzlich von Steuervorteilen (siehe „Riester gerade für Mütter eine Chance", S. 105).

Eine Alternative zum klassischen Versicherungsvertrag können eventuell fondsgebundene Rentenversicherungen sein. Es gibt aber nur wenige gute Angebote. Entscheiden Sie sich für eine Fondspolice, fließt ein Großteil Ihrer Versicherungsbeiträge nicht in sichere Sparanlagen, sondern in Investmentfonds. Damit können Sie mehr Rendite erwirtschaften, allerdings ist damit auch ein höheres Risiko verbunden, da mit den Fonds Verluste möglich sind.

So kann es Ihnen passieren, dass Sie am Ende der Vertragslaufzeit weniger aus dem Vertrag herausbekommen als Sie eingezahlt haben. Dieses Risiko sollten Sie beim Abschluss einer fondsgebundenen Versicherung im Hinterkopf haben. Wenn Sie das nicht schreckt, sollten Sie wenn möglich einen Vertrag bei einem Direktversicherer abschließen, um die Vertragskosten so gering wie möglich zu halten.

Flexibler sind Sie allerdings, wenn Sie direkt in Aktienfonds investieren, ohne Versicherungsmantel. Gerade, wenn Sie Ihr Geld auf lange Sicht anlegen wollen, ist das Fondsinvestment oft gut geeignet.

Und was wird aus bestehenden Verträgen?

Je nachdem, wie alt Sie sind, wird Ihre Hauptfrage allerdings nicht sein, ob ein Neuabschluss einer Versicherung infrage kommt, sondern vielmehr, was Sie mit Ihrem bestehenden Vertrag über eine Kapitallebens- oder Rentenversicherung machen sollen. Vielleicht haben Sie einen solchen Vertrag schon vor Jahren abgeschlossen, als die garantierten Zinsen noch deutlich höher waren.

Einen solchen Vertrag sollten Sie, wenn es Ihnen finanziell irgendwie möglich ist, bis zum Ende der Laufzeit durchhalten. Wenn Sie ihn vorzeitig kündigen, machen Sie in aller Regel Verlust. Die Alternative zur Kündigung wäre, den Vertrag beitragsfrei zu stellen. Dann zahlen Sie keine weiteren Beiträge mehr ein, Ihr Vertrag wird quasi auf dem derzeitigen Stand eingefroren. Auf Ihr Geld samt Rendite müssen Sie aber bis zum Ende der Vertragslaufzeit warten. Je nachdem, wann der Vertrag beitragsfrei gestellt wird, sind auch dabei Verluste möglich.

Erfolgreich sparen

Ein Eigenheim in fünf Jahren, Geld für eine berufliche Auszeit, ein Polster für die Ausbildung der Kinder: Es gibt Sparziele, die Sie vielleicht schon bald verwirklichen wollen. Wichtig: An kurz- oder mittelfristige Anlageziele sollten Sie anders herangehen als an die langfristige Altersvorsorge.

Legen Frauen ihr Geld anders an als Männer, setzen zum Beispiel eher auf Sicherheit bei ihren Investitionen?

Einige Erhebungen deuten zumindest darauf hin. So hat zum Beispiel die frühere DABbank, heute Consorsbank, vor einigen Jahren die Depots ihrer Kunden unter die Lupe genommen und festgestellt, dass Frauen sicherheitsbewusster anlegen als Männer. Für 2013 und 2014 hatte sie festgestellt, dass Frauen eher auf Fonds setzten, während bei den Männern auch riskantere Produkte wie Optionsscheine beliebt waren.

In diese Richtung geht auch ein jüngeres Ergebnis: Frauen setzten bei der Anlage in börsennotierte Indexfonds (ETF, siehe S. 125) eher auf kontinuierliche Sparpläne und auf eine sicherere Anlagestrategie als Männer. Zu diesem Schluss kam der Robo-Advisor Ginmon, der die eigene Kundenstruktur unter die Lupe genommen hatte.

Robo-Advisor sind Dienstleister, die ihren Kunden eine automatisierte Vermögensverwaltung ermöglichen.

Selbst ist die Frau!

Der Wunsch nach Sicherheit, die Angst vor Anlagerisiken: Die eigene Risikobereitschaft ist ein Aspekt, den Sie bei Ihrer Entscheidung für eine bestimmte Geldanlage berücksichtigen sollten. Daneben spielen weitere Kriterien eine Rolle, etwa die Fragen, welches Anlageziel Sie verfolgen, wie viel Geld Sie überhaupt zur Verfügung haben, um es zur Seite zu legen, und wie lange Sie es zu Anlagezwecken entbehren können.

Einen weiteren Faktor sollten gerade Frauen bei Ihren Geldanlageentscheidungen berücksichtigen: Sie sollten so investieren, dass sie flexibel bleiben und zum Beispiel auf Einkommenseinbußen in der Familienzeit reagieren können.

Letztlich spielen also viele individuelle Faktoren eine Rolle bei der Entscheidung für diese oder jene Form der Geldanlage. Diese sollten Sie im Hinterkopf haben, wenn Sie etwa zum Beratungsgespräch in die Bank gehen. Eine gute Vorbereitung lohnt sich:

- **Überblick:** Überlegen Sie sich vorher möglichst genau, in welche Richtung Sie wollen. Was wollen Sie mit Ihrer Geldanlage erreichen und wann? Welches Risiko sind Sie bereit einzugehen? Gut wäre, wenn Sie schon einordnen können, welche Produkte Sie sich wünschen – zum Beispiel einen ETF auf den MSCI World.
- **Gesundes Misstrauen:** Verlassen Sie sich nicht nur darauf, dass Ihnen der Bankberater schon das passende anbieten wird. Lassen Sie sich für jeden Anlagetipp die Kosten aufschlüsseln und fragen Sie nach den Vertriebsprovisionen, die Berater oder Bank dafür kassieren.
- **Nichts überstürzen:** Sie müssen sich nicht von jetzt auf gleich für eine Anlage entscheiden. Nehmen Sie sich die Zeit, die Sie brauchen, und fragen Sie nach, wenn Sie etwas nicht verstehen. Lassen Sie im Zweifel die Finger von dem Angebot, wenn Sie nicht nachvollziehen können, was dahintersteckt.

Die vielen persönlichen Faktoren, die die Geldanlageentscheidung beeinflussen sollten, sind außerdem ein Grund mehr, die Entscheidung über die Anlage Ihres Geldes nicht komplett aus der Hand zu geben, etwa an den Partner. Besser ist es, selbst oder zumindest mit dem Partner gemeinsam zu entscheiden, wie das eigene oder das Familienbudget angelegt wird. Es ist wichtig, über das Thema Geld in der Partnerschaft zu sprechen und früh die gemeinsame Linie abzustecken, sagt Honorarberaterin Stefanie Kühn (siehe Interview „Keine Angst vor Anlageentscheidungen", S. 120).

Die große Auswahl – auf die Mischung kommt es an

Ob mit oder ohne Partner: Für Ihre Geldanlage steht Ihnen ein breites Angebot an Produkten offen. Es reicht von sicheren Bundesanleihen bis hin zu komplizierteren Produkten wie Derivaten und Zertifikaten. An dieser Stelle müssen wir uns auf wenige Produkte beschränken, die aktuell für viele Anlegerinnen auch ohne großes Vorwissen infrage kommen. Diese stellen wir mit ihren Chancen und Risiken vor.

Die einzelnen Produkte, die sich auch in diesen Zeiten magerer Zinsen für die Geldanlage eignen, haben alle ihre Vor- und

Nachteile. Schön wäre ein Anlageprodukt, bei dem Ihr Geld sicher investiert, aber dennoch kurzfristig verfügbar ist und mit dem gleichzeitig attraktive Renditen möglich sind. Leider gibt es einen solchen Alleskönner nicht. Sie werden immer an einzelnen Stellen Abstriche machen müssen: Wer sich aus Sorge vor Anlagerisiken zum Beispiel nur für sichere Banksparpläne oder Festgeldkonten entscheidet, muss sich mit kaum mehr als mäßigen Zinsen begnügen.

Deutlich mehr Rendite könnten Sie beispielsweise mit einem Aktienfonds erzielen, doch damit gehen Sie auch ein größeres Risiko ein. Dafür haben Sie beim Fondsinvestment den Vorteil, dass Sie wenn nötig kurzfristig an Ihr Geld herankommen – beim Festgeldkonto müssen Sie gegebenenfalls eine Zeit lang warten bis zum Ende der vorab vereinbarten Laufzeit.

Dieser erste Vergleich zeigt: Die Ziele Sicherheit, Rendite und Flexibilität lassen sich nicht vollständig mit einer Geldanlage erreichen. Sie können alle drei Ziele nur erreichen, wenn Sie Ihre Geldanlagen gut mischen und nicht alles auf eine Karte setzen.

Zeit für einen Finanzcheck

Um die passende Anlagestrategie zu entwickeln, benötigen Sie im ersten Schritt einen Überblick über die aktuelle Finanzsituation:

- Wie viel Geld können Sie – abseits der Ausgaben für Alltag, Notfallpolster und für die Absicherung im Alter – überhaupt monatlich noch zur Seite legen?
- Brauchen Sie das Geld in absehbarer Zeit oder können Sie es auch auf etwas längere Sicht entbehren?
- Wie haben Sie bisher gespart?
- Wann können Sie auf Ihre bisherigen Ersparnisse zugreifen?

Für die Frage nach dem „Wie viel sparen" ist der Rahmen einigermaßen fest abgesteckt: Sparen können Sie nur das Geld, das Sie tatsächlich übrig haben. Verzichten Sie nicht zugunsten Ihrer Sparziele auf wichtige Versicherungen wie die Risikolebensversicherung oder den Privathaftpflichtschutz.

Kalkulieren Sie bei längerfristigen Investitionen auch Schwankungen Ihrer regelmäßigen Einnahmen ein – wenn Sie zum Beispiel vorhaben, in absehbarer Zeit eine Familie zu gründen und beruflich kürzerzutreten. Planen Sie außerdem gewisse Risiken und unerwartete Posten ein: Könnte es sein, dass Sie zum Beispiel bald ein neues Auto oder Geld für neue Möbel benötigen?

Erstellen Sie sich dann eine Übersicht, wie viel Geld derzeit auf Konten und Sparbüchern liegt, was Sie zum Beispiel aus einer vor Jahren abgeschlossenen Kapitallebensversicherung zu erwarten haben und wann die jeweiligen Summen fällig werden.

Mit diesem Wissen über Ihre finanziellen Spielräume und über Ihr bisheriges Polster können Sie weiter planen: Können Sie sich beispielsweise ein gewisses Risiko durch die Investition in Aktienfonds leisten, weil Sie ausreichend Ersparnisse haben? Und Sie wissen, wann Sie sich wieder um Ihre Geldanlagen kümmern müssen. Wenn Sie zum Beispiel Geld auf einem Festgeldkonto angelegt haben, sollten Sie den Ablauftermin vormerken, um das Geld dann abziehen und anderweitig anlegen zu können.

Außerdem können Sie besser kalkulieren, welcher „Baustein" Ihnen bei Ihrer Anlage noch fehlt: ob etwa neben den ausreichend vorhandenen sicheren Ersparnissen ein Fondsinvestment eine attraktive Ergänzung sein kann.

→ Schulden tilgen

Bevor Sie Ihr Geld neu investieren, tilgen Sie Kredite, soweit dies kostenfrei möglich ist. Müssen Sie beispielsweise einen Immobilienkredit bedienen, schöpfen Sie zunächst die jährlich erlaubten Sondertilgungen aus, ehe Sie Geld auf ein Festgeldkonto packen. Sorgen Sie außerdem dafür, dass Ihr Girokonto so gefüllt ist, dass Sie nicht in den Dispo rutschen.

„Keine Angst vor Anlageentscheidungen"

Ist Geldanlage Männersache? Nein, sagt **Stefanie Kühn,** Honorarberaterin und Autorin aus Grafing bei München. Nach ihrer Erfahrung sind gerade viele jüngere Frauen bereit, sich mit dem Thema zu beschäftigen.

Frau Kühn, zu Ihnen kommen Frauen und Männer in die Anlageberatung. Mal ehrlich, kennen sich Frauen im Vergleich schlechter in Sachen Geldanlage aus als Männer?

Nein, das erlebe ich so nicht. Es ist sicher so, dass unter den älteren Frauen einige sind, die abhängig von ihrem Partner sind oder waren und sich bisher wenig um die Fragen der Gelanlage gekümmert haben. Aber gerade die jüngeren Frauen, die in die Beratung kommen, sind in Finanzfragen häufig gut ausgebildet und haben auch Interesse, sich damit zu beschäftigen. Schwierig kann es allerdings werden, wenn Frauen zum Beispiel nach der Geburt eines Babys den Finanzverstand vorübergehend völlig abschalten und sich nicht bewusst machen, welche finanziellen Folgen für sie zum Beispiel eine

Trennung haben könnte oder was eine lange berufliche Auszeit für ihr Einkommen im Alter bedeutet.

Was bedeutet das: Frauen sollten also auch in glücklichen Zeiten mit ihrem Partner über Geld und Versorgung im Alter reden und nicht erst, wenn es zu spät ist?

Genau. Wichtig ist, früh mit dem Partner zum Beispiel die Linie abzustecken, wie das Geld investiert wird. Hilfreich ist dabei, wenn beide ein ähnliches Ausgabeverhalten haben – sich also beispielsweise einig darüber sind, wie viel Risiko mit Investments eingegangen werden soll.

Wer kommt denn zu Ihnen in die Beratung – die glücklichen Paare oder eher die Frauen, die nach einer Trennung Ihre Unterstützung in Finanzfragen brauchen?

Sowohl als auch. Manche kommen als Paar. Nach einer Trennung kommen eher die Frauen, die eine größere Anlagesumme zur Verfügung haben und erfahren möchten, wie weit sie damit für die Altersvorsorge kommen. Ein anderer Grund, warum Mandantinnen unser Angebot nutzen: Sie wollen mehr Informationen als das, was sie von ihrem Berater in der Bank erfahren haben. Ich höre öfter von Frauen, dass sie sich in der Bank nicht gut beraten, zum Teil von oben herab behandelt gefühlt haben.

Fragen Ihre Mandantinnen denn nach anderen Investments als Männer?

Es gibt Studien, die Frauen ein eher sicherheitsbewusstes Anlageverhalten attestieren mit geringem Interesse an Aktien- oder Fondsinvestments. Ich mache allerdings die Erfahrung: Wenn eine Frau hierher in die Beratung kommt, ist sie auch bereit, diese Schritte mit zu gehen und zum Beispiel in Fonds zu investieren.

Braucht es eigene Anlageprodukte für Frauen?

Nein, das ist nicht nötig. Wichtig ist für Frauen wie für Männer, auf die richtige Mischung ihrer Anlagen zu achten. Dazu gehören zum Beispiel sichere Festgelder, aber auch ETF oder auf Wunsch aktiv gemanagte Fonds. Wenn die Rahmenbedingungen und der Preis stimmen, kann eine Immobilie ebenfalls infrage kommen, feste Produkte wie langlaufende Rentenversicherungen eher nicht.

Und wenn eine Frau doch sagt: „Das ist mir alles zu viel, all diese Entscheidungen über mein Geld zu treffen?"

Es muss ja nicht alles gleichzeitig passieren. Wenn sie zunächst mit sicheren Festgeldern beginnt, kann sie etwas später immer noch zusätzlich den Weg zu den Fonds gehen. Hauptsache ist, überhaupt etwas aus dem Geld zu machen – wenn nicht alles zeitgleich, dann eben Schritt für Schritt.

Sparen und ruhig schlafen

Mit Sparprodukten der Banken können Sie jegliches Risiko bei der Geldanlage vermeiden. Der Preis: mäßige Renditen.

Für Anleger, die ihr Geld absolut sicher investieren wollen, kommen zum einen Versicherungen wie die klassische Rentenversicherung infrage, zum anderen die Sparprodukte der Banken. Die langfristigen Versicherungsverträge waren lange Zeit ein Renner für die Altersvorsorge. Doch sie haben in den vergangenen Jahren deutlich an Attraktivität eingebüßt (siehe „Vorsorgen mit Versicherungen", S. 114). Somit bleiben für sicherheitsbewusste Anlegerinnen – auch mit kurz- und mittelfristigen Anlagezielen – die Sparprodukte der Banken.

Wenn Sie kurz- oder mittelfristig investieren wollen, können Sie zum Beispiel ein Tagesgeldkonto für Notfälle eröffnen, Geld in längerfristigen Festgeldern und Sparbriefen anlegen oder regelmäßig in einen Banksparplan einzahlen. Diese Anlagen sind nicht nur sicher, sondern zudem sehr bequem. Allerdings sind die Zinsen für diese Produkte derzeit sehr niedrig. Sie gleichen häufig nicht einmal die Inflationsrate aus.

Die Sparangebote sind unterschiedlich flexibel. An das Geld auf einem Tagesgeldkonto können Sie täglich heran, an Festgelder erst zum Ende der vereinbarten Laufzeit. Diese kann zum Beispiel ein halbes Jahr, ein Jahr oder drei Jahre betragen.

Gerade in der aktuellen Niedrigzinsphase sollten Sie sich nicht länger als drei Jahre an ein solches Angebot binden. Denn sollten die Zinsen steigen, läuft das womöglich an Ihnen vorbei, weil Sie nicht an Ihr Geld kommen.

Ist das Geld wirklich sicher?

Was passiert mit meinem Geld, wenn die Bank pleite ist? Diese Frage werden Sie sich vielleicht stellen, gerade wenn Sie auf der Suche nach attraktiven Zinsen sind und dann auf Banken stoßen, die Ihnen bisher kaum geläufig sind. Auch in den Zinstests der Stiftung Warentest werden Sie tatsächlich die Namen vieler ausländischer Banken finden, die Ihnen vermutlich kaum etwas sagen werden, wenn Sie sich nicht regelmäßig mit Sparangeboten beschäftigen.

Um Ihnen die Entscheidung zu erleichtern und die mögliche Sorge zu nehmen, werden Sie in den Tests zu den jeweils genannten Banken immer einen Hinweis zur sogenannten Einlagensicherung finden. Dieser ist wichtig, um einschätzen zu können, wie Ihr Geld geschützt ist, falls die Bank tatsächlich pleite sein sollte.

Anleger, die in einem EU-Land bis zu 100 000 Euro in Tages- oder Festgeld investieren, gehen theoretisch kein Risiko ein: Bei einer Bankenpleite sollten sie entschädigt werden, egal, um welches EU-Land es geht.

Allerdings gibt es noch keine gemeinsame EU-Einlagensicherung, und in vielen Ländern befindet sie sich noch im Aufbau. Deshalb schaffen es in die Zinsvergleiche von Finanztest nur Angebote von Banken aus Ländern, die von Ratingagenturen Bestnoten für ihre Wirtschaftskraft erhalten, neben Deutschland zum Beispiel Frankreich, die Niederlande, Österreich und Schweden.

Kreditinstitute in Deutschland garantieren übrigens über zusätzliche Sicherungssysteme deutlich höhere Beträge als die genannten 100 000 Euro pro Sparer.

Anleihen: Kredite an Staaten und Firmen

Eine Alternative zu den Sparangeboten der Banken können Anleihen sein. Sie werden auch als „Renten" bezeichnet. Es gibt Anleihen, die sehr sicher sind, es gibt aber auch solche, mit denen Sie als Anlegerin ein deutliches Risiko eingehen.

Anleihen werden unter anderem von Staaten und großen Industriekonzernen herausgegeben, die auf diese Weise zusätzliches Kapital einsammeln. Wenn Sie sich für eine Anleihe entscheiden, gewähren Sie dem Herausgeber quasi einen Kredit. Als Käuferin einer Anleihe bekommen Sie Zinsen für Ihr investiertes Kapital, das Ihnen am Ende der Laufzeit der Anleihe wieder ausgezahlt wird.

Zu den sehr sicheren Anleihen gehören die „Bundesanleihen". Das sind die Wertpapiere, die die Bundesrepublik Deutschland herausgibt, um zusätzliches Geld einzunehmen. Bundesanleihen gibt es mit Laufzeiten von bis zu 30 Jahren. Als Käuferin einer solchen Anleihe erhalten Sie jährlich die vorab vereinbarten Zinsen. Sie können die Anleihe bis zum Ende der Laufzeit halten und dann zurückgeben. Möglich ist aber auch, Anlei-

Über Onlinezinsportale werden derzeit eine Reihe von Tages- und Festgeldern ausländischer Banken angeboten – mit zum Teil deutlich attraktiveren Zinsen als bei hierzulande bekannteren Banken. Viele der Portalangebote schaffen es trotzdem nicht in die Zinsvergleiche der Stiftung Warentest. Hintergrund: Wir schätzen die Einlagensicherung des Herkunftslandes der Bank nicht für stabil genug ein. Angebote, die wir als empfehlenswert einstufen, finden Sie unter www.test.de/zinsen. Die Daten werden alle 14 Tage aktualisiert.

hen vorher an der Börse zu verkaufen – je nach aktueller Zinsentwicklung entweder mit Gewinn oder mit Verlust.

Die Bundesrepublik gilt als sehr zuverlässiger Schuldner. Damit sind die Zinsen, die Sie für Ihre Bundesanleihen erhalten, eher niedrig. Wenn Sie Anleihen anderer Staaten kaufen oder Anleihen von Unternehmen, können Sie deutlich mehr Rendite erzielen, gehen allerdings auch ein höheres Verlustrisiko ein.

Sie können einzelne Anleihen oder „Renten" kaufen, doch im Normalfall kommt eher die Investition in einen Rentenfonds infrage – das Geld vieler Anleger wird in mehrere Anleihen investiert. Als sichere Geldanlage, die zum Beispiel auch für den Aufbau der Altersvorsorge geeignet ist, eignen sich am ehesten „Rentenfonds Euro". Bei diesen Fonds fließt das Geld der Anleger nur in Anleihen, die auf Euro lauten.

Wie Sie im weiteren Verlauf dieses Kapitels sehen werden, können „Rentenfonds Euro" in Kombination mit einem Aktienindexfonds als Sicherheitsbaustein dienen (siehe „Den passenden Fonds finden", S. 127).

Mehr Chancen mit mehr Risiko

Wollen Sie mehr als die mageren sicheren Zinsen, kommen Sie an Aktienfonds nicht vorbei. Doch nicht jeder Fonds ist gleich gut geeignet.

Sicherheit ist gut und schön, aber sonderlich attraktiv ist es nicht, wenn aus 5000 Euro auf dem Tagesgeldkonto am Jahresende vielleicht gerade 50 Euro mehr werden. Wenn Ihnen das nicht reicht und Sie mehr herausholen wollen, kommen Sie – wie bereits im Kapitel „Erfolgreich vorsorgen" ab S. 93 angedeutet – nicht an Börseninvestments vorbei.

Vor allem mit einem Fonds, der in Aktien investiert, stehen die Chancen sehr gut, auf lange Sicht eine ordentliche Rendite zu erzielen, die deutlich über den Zinsen der sicheren Sparprodukte liegt.

Investmentfonds, kurz Fonds genannt, funktionieren nach dem folgenden Prinzip: Viele Anleger zahlen Geld in einen gemeinsamen Topf ein. Das Management des

Mehr mitnehmen
Mit Investmentfonds können Sie mehr Rendite erzielen als mit sicheren Sparprodukten der Banken. Beachten Sie aber das damit verbundene Risiko.

Fonds kauft für dieses Geld Wertpapiere. Kauft es Anleihen (auch „Renten" genannt), ist die Rede von einem Rentenfonds. Erwirbt der Fonds überwiegend Aktien, handelt es sich um einen Aktienfonds. Fließt das Geld sowohl in Aktien als auch in Anleihen, spricht man von einem Mischfonds.

Darüber hinaus gibt es offene Immobilienfonds. Sie investieren in Bürogebäude, Shoppingcenter oder Hotels.

Wenn Sie sich für einen Aktienfonds entschieden haben und die Anteile der Unternehmen an Wert gewinnen, gewinnen auch Ihre Fondsanteile an Wert. Allerdings besteht mit einem solchen Fonds das Risiko, Verluste zu machen. Denn wenn es an den Börsen bergab geht, verlieren Ihre Anteile an Wert. Ungünstig wäre es, wenn Sie genau in dem Moment Ihre Fondsanteile abstoßen müssen, weil Sie kurzfristig dringend Geld benötigen.

Besser ist es, wenn Sie finanziell so flexibel sind, dass Sie das in Fonds investierte Geld nicht zu einem festen Termin benötigen, sondern ein mögliches Börsentief aussitzen können, ehe Sie verkaufen.

Der Tipp deshalb: Zahlen Sie in Aktienfonds nur Geld ein, auf das Sie langfristig verzichten können. Aktienfonds sind nicht geeignet, um sich ein Sicherheitspolster für Notfälle anzulegen oder Eigenkapital für den Immobilienerwerb spätestens in fünf Jahren aufzubauen. Sie eignen sich aber beispielsweise, wenn Sie in absehbarer Zeit kein festes Sparziel vor Augen haben, sondern heute eine bestimmte Summe entbehren können, auf die Sie dann vielleicht erst in zehn oder auch erst in 15 Jahren zugreifen wollen.

Vorteile mit ETF

Sind Sie zeitlich so flexibel, können Sie den Schritt zu den Aktienfonds wagen. Schließlich ist das Verlustrisiko hier geringer, als wenn Sie nur Aktien einzelner Unternehmen kaufen. Ein Aktienfonds streut die eingesammelten Anlegergelder auf viele verschiedene Aktien. Falls eine davon Verlust macht, lässt sich das leichter durch andere erfolgreiche Aktien ausgleichen.

Doch nicht jeder Fonds eignet sich für jeden Anleger!

Gerade wenn Sie wenig Zeit und Lust haben, sich intensiv mit der Entwicklung an den Börsen zu beschäftigen, eignen sich am besten börsengehandelte Indexfonds, die „Exchange Traded Funds", kurz ETF. Diese Fonds bilden in der Regel einen Index ab, etwa den Dax oder den weltweiten Index MSCI World. Mit anderen Worten: Der Index „Dax" misst die Wertentwicklung der 30 größten Aktiengesellschaften am deutschen Markt. Ein Indexfonds auf den Dax kopiert den Verlauf der Aktien dieser Unternehmen. Damit funktionieren die ETF anders als die „aktiv gemanagten Fonds". Hier gibt es einen Fondsmanager, der aktiv die Anlagen auswählt, in die das Geld der Einzahler fließt. Von diesen Entscheidungen hängt es ab, ob der Fonds gut läuft oder nicht.

Wenn die zeitlichen und finanziellen Voraussetzungen stimmen, spricht einiges für das ETF-Investment, zum Beispiel:

- Sie bleiben mit Ihrer Anlage flexibel, denn wenn das Geld einmal knapp wird, können Sie den Sparplan sofort unterbrechen oder auflösen.
- Die Investition ist bequem: Sie können ohne lange Vorbereitung einfach einsteigen und müssen sich danach nur noch wenig mit Ihrer Investition beschäftigen.
- Außerdem sind ETF preiswert: Als Anlegerin zahlen Sie etwa 0,3 bis 0,5 Prozent pro Jahr. Für aktiv gemanagte Investmentfonds wird meist das Drei- bis Fünffache fällig.

Wer kennt sich aus?

Welcher Fonds kommt infrage? Wie bestücke ich mein Depot? Wie finde ich den „Pantoffel", der zu mir passt? Hilfe beim Aufbau des Pantoffel-Portfolios bietet Ihnen die Themenseite www.test.de/pantoffel-portfolio. Passende Fonds finden Sie im Produktfinder Investmentfonds unter www.test.de/fonds.

Sie können die Fonds über jede Bank an der Börse kaufen. Möglich sind Einmalanlagen oder Sparpläne für ETF, in die Sie zum Beispiel jeden Monat eine bestimmte Summe ab 25 oder 50 Euro einzahlen. Sind Ihre finanziellen Möglichkeiten vorübergehend etwas begrenzt, können Sie die Einzahlungen auch ändern oder aussetzen.

Einsteigen ist nicht allzu schwer

Wenn Sie all das überzeugt, Sie aber bisher keine Erfahrungen mit Fondsinvestments haben, bleibt eine entscheidende Frage: Was genau ist zu tun, um in ETF zu investieren?

- **Depot:** Sie benötigen ein Wertpapierdepot. Das können Sie bei Ihrer Hausbank eröffnen. Oder Sie richten ein (oftmals deutlich günstigeres Depot) bei einer Direktbank im Internet ein. Dorthin überweisen Sie Geld von Ihrem Girokonto, um davon die Fonds kaufen zu können. Die Bank muss Sie darüber informieren, dass mit dem Investment ein gewisses Risiko verbunden ist.

- **Sparpläne:** Wenn Sie in monatlichen Raten in ETF investieren wollen, benötigen Sie einen speziellen Sparplan. Die meisten Filialbanken bieten allerdings nur Sparpläne für aktiv gemanagte Fonds an. Bei Direktbanken werden Sie jedoch in der Regel fündig.
- **Auswahl:** Selbst wenn Sie wissen, dass Sie in ETF investieren wollen, beachten Sie: Längst nicht jeder ETF eignet sich für jeden Anleger. Für die meisten Anleger sind global oder europaweit ausgerichtete ETF die beste Lösung
- **Kauf:** Wenn Sie bei Ihrer Hausbank bleiben, beauftragen Sie Ihren Berater mit dem Kauf. Kunden von Direktbanken geben den Kauf selbst in Auftrag.

Den passenden Fonds finden

Ob Börsenneuling oder erfahrene Anlegerin: Bei einer Vielzahl von Angeboten wird Ihnen vor allem die Auswahl des passenden Fonds schwierig erscheinen. Welcher Fonds kommt für mich infrage?

Um diese Entscheidung zu erleichtern, bewertet die Stiftung Warentest regelmäßig aktiv gemanagte Fonds und ETF. Außerdem hat sie mit den „Pantoffel-Portfolios" verschiedene Depotvorschläge entwickelt. Es handelt sich dabei um ein auch für Einsteiger geeignetes Anlagekonzept mit ETF. Wenn Sie sich danach richten, investieren Sie sowohl in Aktien als auch in sichere Zinsanlagen.

Als Börsen-Einsteigerin kommt für Sie zum Beispiel der von der Stiftung Warentest vorgestellte „Welt-Pantoffel" infrage. Sie kaufen dann Anteile an einem Aktienfonds Welt und mischen dazu wahlweise Tagesgeld oder einen Rentenfonds mit Staatsanleihen aus Euroland oder einem Mix aus Staats- und Unternehmensanleihen. Die Zinsanlagen sorgen für die nötige Sicherheit in Ihrem Depot, um das Verlustrisiko insgesamt weiter zu begrenzen. Welche Fonds für das Depot jeweils empfohlen werden, lesen Sie auf S. 128.

Die Stiftung Warentest hat Depotvorschläge in sicherer, ausgewogener und riskanter Form zusammengestellt. Die ausgewogene Variante: Sie investieren jeweils gleich viel Geld in einen Aktien-ETF und in einen Renten-ETF beziehungsweise Tagesgeld. Wenn Sie einen sichereren Weg gehen wollen, wählen Sie zu 75 Prozent Zinsanlagen und kaufen nur zu 25 Prozent Anteile am Aktienfonds. Wenn Sie sich ein höheres Risiko leisten können und wollen, wäre eine Aufteilung Ihres Anlagebetrags in 75 Prozent Aktienfonds- und 25 Prozent Zinsanlagen denkbar.

Wenn Sie finanziell mehr Spielräume haben und vielleicht auch schon Erfahrung in Sachen Fondsinvestment haben, kommen auch andere Depotvorschläge für Sie infrage, zum Beispiel der Tiger-Pantoffel (siehe Grafik S. 129). Hier bestücken Sie den Aktienanteil in Ihrem Depot außer mit einem Aktienfonds Welt noch mit einen Aktienfonds Schwellenländer. Durch diese Dreierkombination ist dieser Depotvorschlag etwas komplexer und eher für Anlegerinnen geeignet, die in der Lage sind, größere Beiträge zu investieren.

Keine Angst vor dem Finanzamt

Wenn Sie mit Ihren Geldanlagen erfolgreich sind, möchte das Finanzamt einen Teil von Ihren Erträgen abbekommen. Für laufende Kapitalerträge wie Zinsen und Dividenden sowie für Gewinne aus dem Verkauf von Fondsanteilen werden Steuern fällig, derzeit die Abgeltungsteuer in Höhe von 25 Prozent, die Ihre Bank an das Finanzamt überweist.

Zinsen und andere Kapitalerträge sind allerdings nicht ab dem ersten Euro steuerpflichtig: Für jeden Anleger sind 801 Euro Kapitalerträge im Jahr steuerfrei. Wenn Sie mit Ihrem Partner eine gemeinsame Steuererklärung machen, können Sie als Paar bis zu 1602 Euro steuerfreie Kapitalerträge im Jahr erzielen. So hoch ist der sogenannte

Der Welt-Pantoffel

Geeignet für alle Anlegertypen als Basisanlage, vor allem für Sparer, die wenig Fondserfahrung mitbringen oder nur eine geringe Summe investieren wollen.

Bestandteile	1. Aktienfonds Welt	2. Sicherheitsbaustein
Fonds zur Wahl	Es kommen ETF auf den Weltaktienindex MSCI World infrage, die es von verschiedenen Anbietern gibt: Amundi (Isin*: FR 001 075 609 8), Comstage (LU 039 249 456 2), db x-trackers (LU 027 420 869 2), HSBC (DE 000 A1C 9KL 8), iShares (IE 00B 4L5 Y98 3), Lyxor (FR 001 031 577 0), Source (IE 00B 60S X39 4), UBS (LU 034 028 516 1).	Als Sicherheitsbaustein im Depot eignen sich Tagesgeld oder ein gemischter Anleihenfonds auf den Index Barclays Euro Aggregate: iShares Euro Aggregate Bond (IE 00B 3DK XQ4 1), SPDR Barclays Euro Aggregate Bond (IE 00B 41R YL6 3).
Aufbau	Je nach Risikobereitschaft mit 25, 50 oder 75 % Aktienfonds.	

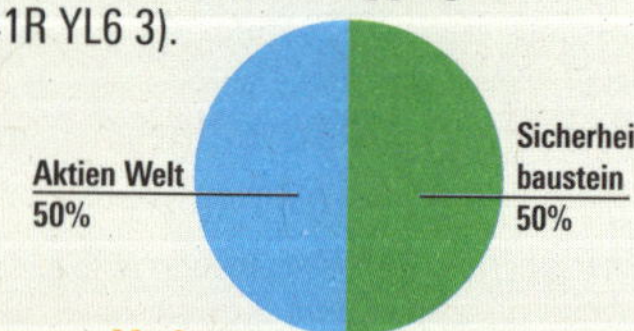

Ausgewogene Variante

*Kurz für „International Securities Identification Number", eine Art Bestellnummer für Wertpapiere.

Sparerpauschbetrag, der Anlegern zusteht. Um von diesem Steuerfreibetrag zu profitieren, müssen Sie Ihrer Bank oder Ihren Banken einen Freistellungsauftrag erteilen.

Erst, wenn Sie Kapitalerträge erzielen, die über den freigestellten Betrag hinausgehen, wird die Bank davon Abgeltungsteuer abziehen und an das Finanzamt überweisen.

Bei dieser pauschalen Abrechnung durch die Bank können es viele Anleger belassen, zum Beispiel wenn Sie nur Kundin einer oder mehrerer deutscher Banken sind. Manchmal ist die Abrechnung aller Kapitalerträge beim Finanzamt aber doch Pflicht, etwa wenn Sie Zinseinkünfte im Ausland erzielt haben. Eventuell lohnt es sich sogar, die Abrechnung der Bank freiwillig über die Steuererklärung korrigieren zu lassen. Denn es kann gut sein, dass Sie durch die Pauschalbesteuerung von 25 Prozent zu viel Abgaben gezahlt haben.

Beispiel: Sie sind Kundin bei mehreren Banken und haben Ihre Freistellungsaufträge ungünstig verteilt. So hat eine Bank für sie vielleicht Abgeltungsteuer von Ihren Erträgen abgezogen, obwohl Sie insgesamt we-

Der Tiger-Pantoffel

Ein Portfolio mit drei Bausteinen ist aufwendiger als eines mit zwei. Wegen der Gebühren bei der Anpassung eignet sich der Tiger-Pantoffel nur für größere Beträge.

Bestandteile	1. Aktienfonds Welt	2. Sicherheitsbaustein	3. Aktienfonds Schwellenländer (Emerging Markets)
Fonds zur Wahl	Infrage kommen dieselben ETF auf den Index MSCI World wie beim Welt-Pantoffel links.	Auch hier kommen Tagesgeld oder dieselben Fonds wie im Welt-Pantoffel infrage.	ETF auf den Schwellenländerindex MSCI Emerging Markets: Amundi (FR 001 095 967 6) Lyxor (FR 001 042 906 8)
Aufbau	Je nach Risikobereitschaft mit 20, 40 oder 60 % Aktienfonds Welt sowie 5, 10 oder 15 % Schwellenländerfonds. Das restliche Geld fließt in die Rentenfonds oder in Tagesgeld. Geeignet für Anleger mit größeren Depots auf der Suche nach Zusatzrendite.		

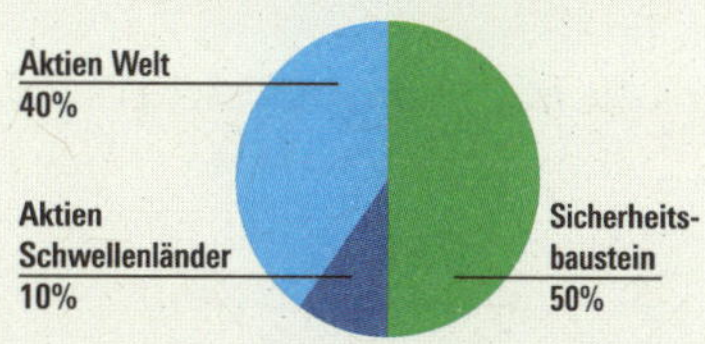

Ausgewogene Variante

niger als 801 Euro Kapitalerträge im Jahr hatten. Die zu viel gezahlte Abgeltungsteuer können Sie sich nur mithilfe der Steuererklärung zurückholen.

Sie lohnt sich übrigens auch, wenn Ihr Einkommen insgesamt so niedrig ist, dass Ihr persönlicher Steuersatz unter 25 Prozent liegt: Dann können Sie mithilfe der Steuererklärung dafür sorgen, dass Sie auch für ihre Kapitalerträge nur diesen niedrigeren Satz zahlen.

All das mag zunächst kompliziert erscheinen, doch nur aus Angst vor dem Finanzamt sollten Sie sich nicht für oder gegen eine bestimmte Geldanlage entscheiden. Entscheidend ist vielmehr, wie diese Anlage zu Ihrer eigenen Situation passt.

→ Die Steuerregeln im Überblick

Im Internet finden Sie unter www.test.de ein Special, das die wichtigsten Regeln zur Fondsbesteuerung zusammenfasst (Suchwort: Fondsbesteuerung 2018). Wenn Sie in der Steuererklärung Ihre Kapitalerträge abrechnen wollen, aber nicht allein weiterkommen, wenden Sie sich an einen Steuerberater oder Lohnsteuerhilfeverein. Wenn man Ihnen dort einmal gezeigt hat, wie Sie Ihre Kapitaleinkünfte abrechnen müssen, schaffen Sie es vielleicht im kommenden Jahr ohne die Unterstützung.

Immobilien als Alternative?

Die Zinsen sind immer noch niedrig: Also ein guter Zeitpunkt, um in eine Immobilie zu investieren? Das kann ein Plan für Sie sein, doch dafür müssen einige Voraussetzungen stimmen.

Je nachdem, in welcher Lebenssituation Sie sich gerade befinden, sollten Sie bei der Entscheidung über Ihre weitere Geldanlage ein Thema im Hinterkopf behalten: Wie steht es mit dem Wunsch nach einer eigenen Immobilie – als Eigenheim oder vielleicht auch, um sie zu vermieten?

Ab Anfang oder Mitte 30 wird häufig der Wunsch nach dem eigenen Zuhause konkreter – bei Ihnen auch? Wenn ja, sollten Sie das bei Ihrer weiteren Anlage berücksichtigen. Denn um den Plan oder Traum von der eigenen Immobilie in die Tat umzusetzen, brauchen Sie vor allem Eigenkapital. Wenn

Sie mehr eigenes Geld mitbringen und weniger Geld leihen müssen, bekommen Sie den Kredit von der Bank günstiger und zahlen weniger Zinsen. Sie sollten zumindest 10, besser 20 Prozent der Baukosten oder des Kaufpreises als Eigenkapital haben und zusätzlich sämtliche Nebenkosten wie Grunderwerbssteuer und Notargebühren aus vorhandenen Mitteln zahlen können.

Wenn nicht jetzt, wann dann?

Sind Sie bereits allein oder mit einem Partner an dem Punkt angelangt, den Traum vom Eigenheim in die Tat umzusetzen, haben Sie immer noch einen guten Zeitpunkt erwischt. Denn die Kredite der Banken sind derzeit immer noch äußerst günstig. Selbst Kredite mit einer langen Zinsbindung von 20 Jahren gibt es oft noch zu einem Zinssatz unter 2 Prozent.

Allerdings: Nur weil Sie sich günstig Geld leihen können, heißt das nicht, dass sich der Traum vom Eigenheim ohne Weiteres erfüllen lässt. Ein mögliches Hindernis sind die Immobilienpreise, die in den letzten Jahren vielerorts deutlich angestiegen sind. Passen diese Preise zu Ihrem Budget?

Die Finanzierung der Immobilie sollte nicht auf wackeligen Füßen stehen. Planen Sie deshalb mögliche Risiken in Ihre Überlegungen ein. So kann es etwa bei Jobverlust, schwerer Krankheit oder Tod eines Partners schwierig werden, die fälligen Kreditraten zu überweisen. Im schlimmsten Fall kann es Ihnen passieren, dass Sie das Haus verlieren.

Wer kennt sich aus?

Die Stiftung Warentest hat mehrere Rechner entwickelt, mit denen Sie zum Beispiel selbst ermitteln können, wie viel Kredit Sie sich bei Ihrem Einkommen und dem vorhandenen Eigenkapital leisten können („Eigenheimfinanzierung – so teuer darf Ihr Haus werden"). Sie finden diesen und weitere Excel-Rechner im Internet über die Seite www.test.de/rechner-baufinanzierung.

Neben dem persönlichen Budget sollten weitere Faktoren für das „Projekt Eigenheim" passen. Zum Beispiel: Haben Sie die Zeit und die Lust, um sich um Kauf oder Bau einer Immobilie zu kümmern? Schließlich ist damit einiger Aufwand verbunden. Ein weiterer Punkt, den Sie beachten sollten: Als Eigenheimbesitzer sind Sie nicht mehr so flexibel wie vorher. Was, wenn Ihr Arbeitgeber Sie noch einmal versetzt oder Ihr Partner sich einen neuen Job in einer anderen Stadt suchen muss? Die Empfehlung lautet deshalb, nur zu kaufen oder zu bauen, wenn Sie wirklich davon ausgehen, mindestens die nächsten zehn Jahre dort zu wohnen. Allein die Nebenkosten wie Grunderwerbssteuer und Notargebühren sind zu hoch für eine Investition, „nur weil die Zinsen gerade günstig sind".

Den Traum verwirklichen

Sie können sich vorstellen, noch nicht sofort, aber innerhalb der nächsten Jahre in die eigene Immobilie zu ziehen? Vielleicht haben Sie in den vergangenen Jahren bereits Geld in einen Bausparvertrag eingezahlt oder auf ein Festgeldkonto? Daran sollten Sie festhalten, denn für die Geldanlage bis zum Immobilienerwerb sollten Sie auf sichere Produkte setzen. Haben Sie noch Geld in riskanteren Anlagen wie Aktienfonds investiert, behalten Sie die Märkte im Auge und verkaufen Sie Ihre Anteile möglichst zu einem günstigen Zeitpunkt, um sich weitere flüssige Mittel zu sichern.

Um Eigenkapital zu beschaffen, können Sie zudem die Riester-Förderung nutzen. Dafür gibt es gleich mehrere Möglichkeiten. Sie können zum Beispiel einen staatlich geförderten Bausparvertrag abschließen. Dann zahlen Sie zunächst regelmäßige Raten in den Vertrag ein. Auf diese Weise sammeln Sie nicht nur Kapital an, sondern Sie erwerben sich zudem das Anrecht auf einen späteren Kredit. Die Zinsen für Ihr Erspartes werden zwar nicht besonders attraktiv sein, doch Sie haben den Vorteil, dass der Zinssatz für das Darlehen von Beginn an feststeht, auch wenn Sie den Kredit erst in einigen Jahren abrufen und die Zinssätze am Kapitalmarkt bis dahin deutlich gestiegen sind.

Wenn Sie bereits auf anderem Weg riestern, gibt es eine weitere Alternative, um die staatliche Förderung für das Projekt Eigenheim einzusetzen: Das Geld, das Sie in den vergangenen Jahren beispielsweise in einer Riester-Rentenversicherung oder in einem geförderten Banksparplan angespart haben, können Sie teilweise oder komplett als Eigenkapital fürs Haus einsetzen. Oder Sie nutzen das Geld später, um eine Sondertilgung für ein laufendes Baudarlehen zu stemmen.

Die Entnahme aus dem Riester-Vertrag beantragen Sie bei der Zentralen Zulagenstelle für Altersvermögen (ZfA). Damit das Geld zum gewünschten Zeitpunkt bei Ihnen ist, sollten Sie einige Monate Vorlauf für den Antrag einplanen.

Wenn Sie das Eigenkapital bereits haben und die Riester-Förderung gleich für eine Immobilie nutzen wollen, können Sie riestergeförderte Darlehensverträge oder Kombikredite abschließen. Die wichtigsten Informationen und gute Angebote finden Sie im Internet unter www.test.de/thema/eigenheimfoerderung.

Neustart – raus aus dem Familienhaus

Die Sorge, genügend Eigenkapital anzusparen und eine günstige Finanzierung auf die Beine zu stellen, werden andere Frauen nicht haben: etwa wenn Sie Anfang oder Mitte 50 sind, schon ein Eigenheim haben, das Sie aber in der Größe nicht mehr wollen, weil die Kinder bereits ausgezogen sind. Vielleicht planen Sie dann allein oder mit ihrem Partner einen Neustart in einer attraktiven eigenen Dreizimmerwohnung?

Für Sie geht es im ersten Schritt darum, das bestehende Eigenheim zu einem vernünftigen Preis zu verkaufen. Wenn das gelingt, könnte der Erlös vielleicht schon reichen, um davon eine neue Eigentumswohnung zu finanzieren.

Nicht ohne genaue Planung: Kaufen um zu vermieten

Gerade in den Zeiten niedriger Zinsen mag auch der Gedanke an eine vermietete Immobilie als Geldanlage aufkommen. Bevor Sie diesen Schritt gehen, sollten Sie sich gut überlegen, ob das etwas für Sie ist. Sind Sie bereit für den Aufwand, der mit einer vermieteten Immobilie verbunden ist? Die Suche nach dem passenden Objekt, die Instandsetzung und Instandhaltung, die Mietersuche, Nebenkostenabrechnungen – es kommen einige Aufgaben auf Sie zu.

Ein weiterer Nachteil ist, dass eine vermietete Immobilie eine sehr unflexible Geldanlage ist. Es drohen Verluste, wenn Sie kurzfristig verkaufen müssen, weil Sie Geld benötigen. Wenn Sie das nicht schreckt und Sie das passende Objekt finden, stellen Sie sicher, dass die Finanzierung steht. Sie sollten genügend Eigenkapital haben: Es wäre gut, wenn Sie mindestens 20 Prozent des Kaufpreises plus Nebenkosten von sich aus aufbringen können. Um den Kredit finanzieren zu können gilt: Die Nettomiete für Ihre Immobilie – das ist die Kaltmiete abzüglich Betriebs-, Instandhaltungs- und Verwaltungskosten – sollte mindestens so hoch sein, dass sie ausreicht, um die laufenden Darlehenszinsen zu decken. Noch besser wäre natürlich, die Nettomiete reicht für Zins und Tilgungsrate aus.

Wer kennt sich aus?

Wie lege ich den Preis für ein zu verkaufendes Haus fest? Schalte ich einen Makler ein? Wo mache ich Werbung und was ist beim Vertrag über den Verkauf zu beachten? Wenn Sie das Eigenheim verkaufen, dürfte es eines der größten Geschäfte Ihres Lebens sein. Darauf sollten Sie sich gut vorbereiten, zum Beispiel mithilfe des Ratgebers „Meine Immobilie erfolgreich verkaufen", erhältlich unter www.test.de/shop. Rat und Hilfestellung können Sie außerdem zum Beispiel bei den Verbänden für Bauherren und Immobilienbesitzer bekommen.

→ Kein Mieter in Sicht

Solange die Immobilie vermietet ist, steht Ihre Finanzierung? Doch was, wenn Sie vorübergehend keine Mieter finden? Klären Sie vor Vertragsabschluss, ob Ihr finanzielles Polster auch reicht, um diese Phase zu überbrücken.

Gut versichert

Ihr Versicherungsordner steht unberührt im Regal und wird nur im Notfall herausgezogen oder wenn es Post zum Abheften gibt? Damit sind Sie bestimmt nicht allein. Doch es lohnt sich, die Versicherungen häufiger im Blick zu haben und den Schutz ab und an zu aktualisieren.

Kennen Sie das: Eigentlich hatten Sie nur vor, sich beim Versicherungsmakler nach dem passenden Schutz für Ihr neues Auto und den Preisen dafür zu erkundigen. Doch dann bleibt es nicht bei der Autoversicherung – prompt konfrontiert der Makler oder ein Vertreter einer Versicherungsgesellschaft Sie mit unzähligen weiteren Fragen. Ein paar Beispiele:

- Wie steht es mit Ihrem Schutz bei Berufsunfähigkeit?
- Haben Sie schon einmal über eine Unfallversicherung nachgedacht – gerade, wenn Sie sportlich so aktiv sind?
- Seit wann haben Sie eigentlich nichts mehr an Ihrer Hausratversicherung getan: Wäre es vielleicht an der Zeit, die Versicherungssumme zu erhöhen oder sollen wir gleich nach einem besseren Angebot suchen?

So oder ähnlich kann das Gespräch verlaufen, und nicht selten stellt sich beim Kunden ein ungutes Gefühl ein nach dem Motto: „Ja das stimmt, darum sollte ich mich tatsächlich mal kümmern."

Vielleicht lassen Sie sich dann überreden, die Verträge gleich durchzugehen. Oder Sie schieben das Thema doch noch einmal auf – zum Beispiel aus Unsicherheit über die Frage, welcher Schutz wirklich sinnvoll für Sie ist.

Damit Sie sich einen eigenen Überblick zu Ihrem Versicherungsbedarf verschaffen können, haben wir die wichtigsten Versicherungen für Sie kategorisiert. Die entsprechende Übersicht finden Sie in der Tabelle „Versicherungscheck" auf S. 138.

Die einzelnen Verträge in der Tabelle haben wir folgenden Kategorien zugeordnet:

- **Unbedingt notwendig:** Ohne einen solchen Schutz wären Sie oder Ihre Familie im Schadensfall womöglich ruiniert. Zu den Verträgen, die unbedingt notwendig sind, gehören beispielsweise die private Haftpflichtversicherung sowie die gesetzlich vorgeschriebene Krankenversicherung.
- **Sehr zu empfehlen:** Ohne diesen Versicherungsschutz wäre im Ernstfall Ihre finanzielle Existenz bedroht. Zu diesen Verträgen zählen wir unter anderem die Wohngebäudeversicherung für Immobilienbesitzer und die Risikolebensversicherung für alle, die für andere sorgen.
- **Sinnvoll:** Fehlt dieser Schutz, können Kosten entstehen, die Sie zwar empfindlich treffen, aber im Regelfall anders als ein abgebranntes Zuhause nicht sofort die finanzielle Existenz bedrohen. Ein Beispiel dafür ist die Hausratversicherung je nach Wert der Einrichtung.
- **Mit Einschränkungen sinnvoll:** So bewerten wir beispielsweise die Rechtsschutzversicherung. Sie kann zwar eine wertvolle Hilfe sein, doch unter Umständen gibt es günstigere Alternativen – etwa die Mitgliedschaft im Mieterverein, um sich Rechtsberatung für Streitigkeiten mit dem Vermieter zu sichern.

Unter den genannten Versicherungen sind einige, die Sie in jeder Lebenslage benötigen. Dazu gehört zum Beispiel die Privathaftpflichtversicherung, die in keinem Haushalt fehlen sollte. Auch um die Krankenversicherung kommen Sie nicht herum – entweder in einer gesetzlichen Krankenkasse oder bei einem privaten Versicherer. Spätestens, wenn Sie nach Ende des Studiums Ihre erste Stelle antreten, ist keine Absicherung über die Eltern mehr möglich, eine eigene Krankenversicherung wird Pflicht.

Andere Verträge können hingegen erst im Laufe des Lebens zum Thema werden, etwa die Wohngebäudeversicherung für Immobilienbesitzer oder eine private Krankenzusatzversicherung, wenn Sie sich in bestimmten medizinischen Bereichen mehr Leistungen wünschen als die der gesetzlichen Krankenkasse und sich diesen zusätzlichen privaten Schutz leisten können.

→ Online den Bedarf prüfen

Die Stiftung Warentest bietet im Internet unter www.test.de einen kostenlosen Online-Versicherungs-Check an. Klicken Sie sich durch die Fragen und erfahren Sie am Ende, welche Verträge für Sie je nach Lebenssituation sinnvoll sind.

Schutz für mich

Die Krankenversicherung, ob gesetzlich oder privat, ist in Deutschland Pflicht für jeden. Auch den Haftpflicht- und Berufsunfähigkeitsschutz sollten Sie haben.

Zu den unverzichtbaren Versicherungen in jeder Lebenssituation gehört der Krankenversicherungsschutz. Per Gesetz sind Sie verpflichtet, sich entweder in einer gesetzlichen Krankenkasse zu versichern oder bei einem privaten Anbieter. Nur für einzelne Berufsgruppen wie zum Beispiel Berufssoldaten sorgt der Staat direkt mit der sogenannten Heilfürsorge.

Die überwiegende Zahl der Deutschen, rund 90 Prozent, ist in einer gesetzlichen Krankenkasse versichert. Damit fallen sie automatisch auch unter den Schutz der gesetzlichen Pflegeversicherung.

In einer gesetzlichen Krankenkasse sind Sie entweder selbst zahlendes Mitglied. Oder Sie sind über den Ehe- oder eingetragenen Lebenspartner beitragsfrei familienversichert. Während des Studiums können Sie noch über die Eltern versichert sein.

Die Familienversicherung ist möglich, solange Sie kein oder nur ein geringes Einkommen von maximal 435 Euro im Monat haben (Stand: 2018). Wer einen pauschal versteuerten Minijob angenommen hat, kann dort monatlich im Schnitt 450 Euro verdienen, ohne aus der beitragsfreien Familienversicherung zu rutschen.

Für die Beitrag zahlenden Mitglieder ist natürlich der Beitragssatz der Kasse interessant: Die Sätze liegen Anfang 2018 zwischen 14,6 und 16,3 Prozent. Ein Wechsel in eine günstigere Kasse kann somit jeden Monat etwas mehr Nettogehalt bringen (siehe „Möglichst viel Netto", S. 75).

Je nach persönlichen Wünschen und Vorlieben lohnt aber auch ein Blick auf die Leistungen, wenn es darum geht, „Ihre" Krankenkasse zu finden. Zwar sind etwa 90 Prozent der Leistungen aller Kassen gesetzlich vorgeschrieben. Doch was jede Kasse darüber hinaus an Zusatzleistungen bietet, kann für Sie in einer bestimmten Lebenssituation sehr interessant sein. Unterschiede gibt es zum Beispiel, wenn es um die Kostenübernahme für eine professionelle Zahnreinigung, Reiseimpfungen und Unterstützung während der Schwangerschaft geht.

Das sind nur ein paar Beispiele für Leistungen, die je nach Höhe und persönlichem Bedarf dafür sorgen, dass Sie einen eventuell etwas höheren Beitrag in Kauf nehmen, wenn Sie dafür mehr Zusatzleistungen erhalten. Dann kann sich ein Kassenwechsel durchaus lohnen (siehe „Krankenversicherung wechseln und sparen", S. 77).

Versicherungs-Check: Diesen Schutz brauchen Sie

+++ Unbedingt notwendig. Auf diesen Schutz sollten Sie keinesfalls verzichten.
++ Sehr zu empfehlen. Diesen Schutz sollten Sie nach Möglichkeit haben.
+ Sinnvoll. Dieser Schutz ist sinnvoll, muss aber nicht unbedingt sein.
+− Dieser Schutz ist nur mit Einschränkungen sinnvoll.

Wofür?	Welche Versicherung?	Wie wichtig?	Wer braucht sie?
Wenn Sie andere schädigen	Privathaftpflicht	+++	Jeder, egal ob alleinstehend, als Paar oder Familie.
	Kfz-Haftpflicht	+++	Pflicht für Kraftfahrzeughalter.
	Tierhalterhaftpflicht	+++	Hundehalter und Pferdebesitzer. In manchen Bundesländern Pflicht für Hundehalter.
	Gewässerschadenhaftpflicht	+++	Öltankbesitzer.
	Bauherren-Haftpflicht	++	Bauherren.
	Haus- und Grundbesitzerhaftpflicht	++	Eigentümer und Vermieter von Immobilien und von unbebauten Grundstücken.
Krankheit und Pflege	Gesetzliche Kranken- und Pflegeversicherung	+++	Für jeden Pflicht, sofern er sich nicht privat krankenversichern kann oder einen anderen Anspruch auf Absicherung im Krankheitsfall hat.
	Private Krankenvollversicherung und Pflegepflichtversicherung	+++	Beamte, da für sie die Privatversicherung meist günstiger ist als die gesetzliche Krankenversicherung. Für alle freiwillig gesetzlich Versicherten überlegenswert, wenn sie bessere Leistungen als die der gesetzlichen Kasse wünschen und bereit sind, dafür langfristig viel zu zahlen.
	Private Kranken- und Pflegezusatzversicherungen	+	Gesetzlich Krankenversicherte, die sich mehr Leistungen sichern wollen als die der gesetzlichen Kranken- und Pflegeversicherung, etwa die Chefarztbehandlung im Krankenhaus, eine bessere Zahnversorgung, die Übernahme der Kosten beim Heilpraktiker oder höhere Leistungen im Pflegefall.

Wofür?	Welche Versicherung?	Wie wichtig?	Wer braucht sie?
Berufsunfähigkeit und Invalidität	Berufsunfähigkeitsversicherung	++	Alle Erwachsenen, die von ihrem Erwerbseinkommen leben, vor allem wenn sie eine Familie ernähren müssen.
	Erwerbsunfähigkeitsversicherung	++	Alle, die aus Kostengründen oder wegen ihres Risikos keinen Berufsunfähigkeitsschutz erhalten.
	Unfallversicherung	+	Erwachsene, wenn sie weder eine Berufs- noch eine Erwerbsunfähigkeitsversicherung bekommen.
Die Familie gut absichern	Risikolebensversicherung	++	Alle, die für andere sorgen.
	Kinderinvaliditätsversicherung	++	Kinder und Jugendliche bis zum Ende ihrer Ausbildung, danach Berufsunfähigkeitsschutz.
	Kinderunfallversicherung	+	Kinder und Jugendliche, sofern keine Kinderinvaliditätsversicherung vorhanden ist.
Zu Hause und im Alltag	Wohngebäudeversicherung	++	Jeder Eigentümer eines Wohnhauses.
	Hausratversicherung	+	Bei Hausrat mit höherem Wert.
	Rechtsschutzversicherung (Verkehrsrechtsschutz siehe unten)	+–	Selbstständige, Angestellte, Mieter, Privatleute je nach Leistungspaket. Gewerkschaften (Arbeitsrecht) oder Vereine (Mietrecht) bieten für spezielle Probleme oft preiswerteren Rechtsschutz.
Unterwegs immer sicher	Auslandsreisekrankenversicherung	++	Alle Kassenpatienten sowie Privatversicherte, wenn die Kostenübernahme für medizinisch notwendige Rücktransporte aus dem Ausland fehlt.
	Reiserücktrittkostenversicherung	+	Urlauber, die teure Pauschalreisen buchen, vor allem mit kleinen Kindern.
	Kfz-Vollkaskoversicherung	+	Besitzer neuer Fahrzeuge.
	Kfz-Teilkaskoversicherung	+	Besitzer höherwertiger älterer Autos.
	Verkehrsrechtsschutz	+	Jeder Verkehrsteilnehmer.
	Autoschutzbrief	+–	Autofahrer. Preisgünstig beim Kfz-Haftpflichtversicherer abzuschließen.

Sie überlegen, sich selbstständig zu machen? Planen Sie ein, dass eventuell enorme Beiträge an die Krankenkasse auf Sie zukommen können. Denn als Selbstständige müssen Sie einen Mindestbeitrag aufbringen. Selbst wenn Sie beispielsweise nur 800 Euro Einkommen im Monat haben, müssen Sie 2018 einen Beitrag zahlen, der für ein Einkommen von 2283,75 Euro Monatseinkommen fällig würde. Das sind rund 350 Euro jeden Monat plus die Beiträge zur Pflegeversicherung. Nur in Ausnahmefällen kann eine niedrigere Bemessungsgrenze herangezogen werden.

Gesetzlichen Schutz sinnvoll ergänzen

Wünschen Sie sich mehr Leistungen als die Ihrer gesetzlichen Krankenkasse? Dann können Sie Ihren Schutz mit privaten Krankenzusatzversicherungen aufbessern. Sie können zum Beispiel bei einem privaten Versicherer einen Vertrag für stationäre Behandlungen im Krankenhaus abschließen. Je nachdem, für welchen Tarif Sie sich entscheiden, haben Sie damit zum Beispiel Anspruch darauf, dass der Chefarzt Sie behandelt und dass Sie in einem Ein- oder Zweibettzimmer untergebracht werden.

Weitere Zusatzversicherungen gibt es beispielsweise für teuren Zahnersatz oder für Besuche beim Heilpraktiker.

Die privaten Krankenzusatzversicherungen sind sinnvoll, doch sie stehen nicht ganz oben auf der Bedarfsliste für Versicherungen. Wenn Sie eine Zusatzversicherung für sich oder auch für Ihre Kinder abschließen wollen, überlegen Sie genau, welche Leistungen Ihnen wirklich wichtig sind.

Es gibt allerdings eine private Zusatzversicherung, auf die Sie nicht verzichten sollten: die Auslandsreisekrankenversicherung. Diese sollte jeder Kassenpatient haben, sobald er ins Ausland fährt. Ohne den Schutz kann eine medizinische Behandlung während der Asienrundreise oder der Wanderung auf dem Jakobsweg zur teuren Falle werden. Hintergrund: Je nach Reiseland erstattet Ihre gesetzliche Krankenkasse Behandlungskosten entweder gar nicht oder eventuell nur teilweise. Selbst in einem Land der EU kann es sein, dass Sie auf einem Teil der Behandlungskosten sitzen bleiben, wenn der Arzt im Urlaubsland mehr abrechnet als ein Arzt hierzulande.

An den Kosten für einen Rücktransport eines erkrankten oder verletzten Urlaubers beteiligen sich die deutschen Krankenkassen unabhängig vom Reiseland nie.

Eine private Auslandsreisekrankenversicherung ist deshalb allen gesetzlich Krankenversicherten sehr zu empfehlen. Einzelreisende können sehr gute Verträge schon für unter 10 Euro Jahresbeitrag abschließen, Familien bekommen sehr guten Schutz für weniger als 20 Euro im Jahr.

→ Schutz für ältere Kinder

Ob Klassenreise oder Abschlussfahrt: Wenn Sie ältere Kinder haben und diese ins Ausland reisen, schauen Sie zur Sicherheit in Ihren Versicherungsvertrag, ob der Schutz für sie noch gilt oder ob ein eigener Vertrag notwendig ist. Es gibt unterschiedliche Regelungen, bis wann Kinder mitversichert sind, je nach Anbieter zum Beispiel bis 18 oder auch bis 21.

Private Versicherung als Alternative?

Die Alternative zur gesetzlichen Kasse mit möglichem privatem Zusatzschutz ist die komplette Absicherung über einen privaten Krankenversicherer. Sie können sich privat krankenversichern, wenn Sie als Angestellte mehr als 59400 Euro brutto im Jahr verdienen. Das ist die sogenannte Versicherungspflichtgrenze im Jahr 2018. Nur wenn Sie diese überspringen, dürfen Sie von der gesetzlichen in die private Krankenversicherung wechseln.

Auch als Selbstständige haben Sie in der Regel die Chance, sich privat zu versichern. Überlegen Sie sich diesen Schritt gut – er mag auf den ersten Blick hinsichtlich der Leistungen und sogar beim Beitrag attraktiv erscheinen. Doch gerade für Frauen ist die gesetzliche Krankenversicherung mit der Chance auf eine kostenlose Absicherung von Kindern in der Regel auf Dauer die günstigere Lösung (siehe „Für wen lohnt die private Krankenversicherung“, S. 80).

Wenn Sie aber bereit und in der Lage sind, auf Dauer etwas mehr für die Krankenversicherung zu zahlen, kann der private Schutz mit zum Teil besseren Leistungen eine Alternative sein. Wenn Sie verbeamtet sind und Anspruch auf Beihilfeleistungen Ihres Dienstherren für Gesundheitsleistungen haben, ist die private Versicherung für Sie im Normalfall die erste Wahl.

Risiko: Verlust der Arbeitsfähigkeit

Für die Mandelentzündung oder die Blinddarm-OP sind Sie mit der gesetzlichen oder privaten Krankenversicherung gut gewappnet. Doch was, wenn es Sie schlimmer trifft, etwa nach einem Unfall, aufgrund langwieriger Rückenprobleme oder einer psychischen Erkrankung? Gegen die finanziellen Folgen dauerhafter gesundheitlicher Einschränkungen können Sie sich zusätzlich absichern. Besonders wichtig ist der Schutz für den Fall, dass Sie aus gesundheitlichen Gründen nicht mehr in der Lage sind, berufstätig zu sein.

Eine gewisse Unterstützung können viele von Ihnen dann zwar aus der gesetzlichen Rentenkasse erhalten in Form einer Erwerbsminderungsrente. Doch diese liegt durchschnittlich bei etwa 750 Euro monat-

Arbeit: nicht mehr möglich!
Ob eine psychische Erkrankung, ein Rückenleiden oder die Folgen eines Unfalls: Gegen das Risiko, aus gesundheitlichen Gründen kein eigenes Geld verdienen zu können, sollten Sie sich wappnen. Erste Wahl ist eine private Berufsunfähigkeitsversicherung.

lich. Mit so einer Summe dürfte es schwierig werden, auf Dauer den Lebensunterhalt zu bestreiten.

Vor allem, wenn Sie beim Verlust der Arbeitsfähigkeit noch sehr jung sind, haben Sie das Problem, dass Sie im Ernstfall nur eine sehr niedrige gesetzliche Rente erhalten oder eventuell sogar komplett leer ausgehen. Denn eine Voraussetzung für den Anspruch auf eine gesetzliche Erwerbsminderungsrente ist in der Regel, dass in den vergangenen fünf Jahren mindestens drei Jahre Beiträge an die Rentenkasse geleistet wurden. Für eine Berufseinsteigerin, die gerade ihren ersten Job angetreten hat, ergibt sich somit ein Loch – sie weist noch nicht genug Versicherungszeiten auf, um im Ernstfall tatsächlich die gesetzliche Rente zu beziehen. Für sie ist es also noch mehr als für andere Frauen wichtig, privat gegenzusteuern.

Die beste Möglichkeit dafür ist eine Berufsunfähigkeitsversicherung. Sie springt ein und zahlt eine monatliche Rente, wenn der Versicherte für einen längeren Zeitraum nicht mehr in der Lage ist, zu mindestens 50 Prozent seiner bisherigen beruflichen Tätigkeit nachzugehen. Je jünger und gesünder Sie beim Abschluss eines solchen Vertrags sind, desto besser. Denn dann stehen Ihre Chancen auf ein finanziell attraktives und leistungsstarkes Angebot für eine Berufsunfähigkeitsversicherung gut.

Um zu ermitteln, wie groß das Risiko ist, zahlen zu müssen, stellt der Versicherer vor Vertragsabschluss Gesundheitsfragen.

Ganz billig ist der Schutz aber auch dann nicht: Will sich beispielsweise eine 30-jährige Diplom-Kauffrau für den Ernstfall eine Monatsrente von 2000 Euro und eine Vertragslaufzeit bis zum Alter von 67 Jahren sichern, muss sie mit Versicherungsbeiträgen ab etwa 800 Euro im Jahr rechnen.

Für Beschäftigte in anderen Berufen, bei denen das Risiko einer folgenschweren Erkrankung höher ist, sind die Beiträge teurer.

Eine Berufsunfähigkeitsversicherung können Sie entweder als Einzelvertrag abschließen, oder aber in Kombination mit einer Lebensversicherung als sogenannte Berufsunfähigkeitszusatzversicherung (BUZ). Wenn Sie kombinieren wollen, entscheiden Sie sich möglichst für eine Kombination mit einer Risikolebensversicherung, nicht mit einer Kapitallebens- oder einer Rentenversicherung.

Ist der Preis für Sie ein Hindernis, zum Beispiel als Berufseinsteigerin? Angenommen, Sie können sich heute nur den Abschluss eines Vertrags mit einer Rente von 750 Euro leisten, erwarten aber, dass Sie in zwei, fünf oder zehn Jahren mehr finanzielle Spielräume haben? Dann sollten Sie vor Vertragsabschluss darauf achten, welche Möglichkeiten das Angebot für eine Nachversicherung bietet, das heißt: unter welchen Voraussetzungen Sie die Rentenhöhe steigern können. In einigen Tarifen ist das ohne jeden Anlass möglich, in vielen Angeboten haben Sie zum Beispiel nach Hochzeit, Geburt oder Hauskauf die Chance, ohne erneute Gesundheitsprüfung eine höhere Rente zu vereinbaren.

Gesundheitsprüfung heißt: Um zu ermitteln, wie hoch das Risiko ist, tatsächlich zahlen zu müssen, stellt der Versicherer vor Vertragsabschluss Fragen zu Ihrem Gesundheitszustand und zu bisherigen Erkrankungen. Meist betreffen die Fragen den Zeitraum der letzten fünf Jahre. Hatten Sie in dieser Zeit beispielsweise Allergien, Knie- oder Rückenbeschwerden, kann es Ihnen passieren, dass damit verbundene Risiken vom Schutz vertraglich ganz ausgeschlossen werden oder dass Sie deshalb einen höheren Beitrag zahlen müssen. Gab es zum Beispiel schon einmal eine Psychotherapie oder eine Krebserkrankung, kann das sogar häufig dazu führen, dass Sie gar nicht erst einen Vertrag bekommen.

Am besten, Sie versuchen es zeitgleich mit Anträgen bei mehreren Versicherern, wenn Sie einen Vertrag für eine Berufsunfähigkeitsversicherung abschließen.

Alternativer Invaliditätsschutz

Wenn Sie keinen für Sie bezahlbaren Vertrag für eine Berufsunfähigkeitsversicherung bekommen, kann die private Erwerbsunfähigkeitsversicherung eine Alternative sein. Für Beschäftigte, die einer körperlichen Arbeit nachgehen, ist dieser Schutz meist deutlich günstiger als eine Berufsunfähigkeitsversicherung. Allerdings greift der Schutz erst, wenn jemand fast überhaupt nicht mehr arbeiten kann – maximal drei Stunden täglich. Deshalb sollte die Berufsunfähigkeitsversicherung erste Wahl sein.

Eine weitere Möglichkeit, um sich vor den finanziellen Folgen einer Invalidität zu schützen, ist die private Unfallversicherung: Kommt es infolge eines „plötzlich von außen auf den Körper einwirkendes Ereignisses" zu einer dauerhaften Invalidität, zahlt die private Unfallversicherung eine vorab vereinbarte Summe. Dauerhaft heißt in der Regel „für mindestens drei Jahre". Die ausgezahlte Summe kann zum Beispiel genutzt werden, um dauerhaft eine Haushaltshilfe zu finanzieren oder das Zuhause behindertengerecht umzubauen.

Die Unfallversicherung ist durchaus sinnvoll. Sie ist allerdings keine Alternative zur Berufsunfähigkeitsversicherung, um sich vor den finanziellen Folgen einer Arbeitsunfähigkeit zu schützen. Denn über die Unfallversicherung haben Sie keinen Schutz für den Fall, dass Sie beispielsweise aufgrund einer Krebserkrankung nicht mehr arbeiten können und auf regelmäßige Hilfe angewiesen sind. Auch die Folgen einer psychischen Erkrankung haben mit der Unfallversicherung nichts zu tun.

Nicht ohne Privathaftpflichtversicherung

Wenn Sie das Thema „eigener Versicherungsschutz" angehen, sollten Sie eine Frage mit im Hinterkopf behalten: Bin ich ausreichend abgesichert, wenn ich aus Versehen jemand anders schädige? Darüber sollten Sie nachdenken, denn Sie haften mit Ihrem gesamten Vermögen für Schäden, die Sie verschulden oder unabsichtlich jemand anderem zufügen, egal ob als Radfahrer, Fußgänger oder in einer anderen Alltagssituation. So ein Schaden kann schneller passieren als Ihnen lieb ist, etwa wenn Sie einen Fahrradunfall verursachen oder das Smartphone Ihrer Freundin beschädigen.

Um sich vor den finanziellen Folgen solcher Ereignisse zu schützen, ist eine Privathaftpflichtversicherung unbedingt zu empfehlen.

Eventuell verursachen Sie nur einen leichten Sachschaden – ein neues Handydisplay könnten Sie zur Not aus eigener Tasche bezahlen. Doch was, wenn Sie etwa als Radfahrerin eine Fußgängerin verletzen? Behandlungskosten, Schmerzensgeld, Verdienstausfall, eventuell eine Rente, wenn die Verletzte gar nicht mehr arbeiten kann – da kommen einige Posten zusammen, die Sie selbst ohne eine Privathaftpflichtversicherung aufbringen müssen.

Das Gute an der Privathaftpflichtversicherung: Sie ist nicht allzu teuer. Sehr guten Schutz können Sie schon für unter 100 Euro im Jahr bekommen.

Einen eigenen Vertrag brauchen Sie nach Ende der ersten Ausbildung, vorher können Sie sich in aller Regel noch über den Vertrag Ihrer Eltern versichern.

Wenn Sie einen Partner haben und zusammenziehen, reicht eine Privathaftpflichtversicherung für beide. Selbst wenn Sie nicht verheiratet sind, kann ein Partner in den Vertrag des anderen aufgenommen werden. Er muss dort namentlich mit genannt werden. Die jüngere und dann überflüssige Police können Sie zum nächstmöglichen Termin ordentlich kündigen, je nach Versicherer eventuell früher. Häufig ist aber der jüngere Vertrag der bessere, vor allem, wenn der ältere Vertrag des Partners schon vor vielen Jahren abgeschlossen wurde. Dann sollten Sie den älteren Vertrag ganz normal spätestens drei Monate vor dem Ende des Versicherungsjahres ordentlich kündigen und als Paar auf den neueren mit den besseren Konditionen setzen.

Achten Sie zusätzlich darauf, dass Ihre private Haftpflichtversicherung sogenannte Regressansprüche wegen Personenschäden zwischen den versicherten Personen explizit mitversichert. Denn bei einem Schaden zwischen zwei unverheirateten Partnern hat die Krankenkasse des Geschädigten gegen den Unfallverursacher Anspruch auf Schadenersatz für die entstandenen Kosten. Für den Fall sollten Sie sich mit Ihrer gemeinsamen Haftpflichtversicherung wappnen.

Allerdings wäre es auch möglich, dass Sie beide Ihre Einzelverträge behalten. Das hätte den Vorteil, dass Sie Schäden, die Sie sich aus Versehen gegenseitig zufügen, erstatten lassen können. Wenn Sie über denselben Vertrag versichert sind, zahlt der Versicherer nicht für gegenseitige Schäden.

Heiraten Sie und haben Sie noch beide Verträge? Dann dürfen Sie den jüngeren Vertrag gleich nach der Hochzeit kündigen und nicht erst zum Ende des jeweiligen Versicherungsjahres.

Bekommen Sie Kinder, sind sie automatisch über die Versicherung ihrer Eltern geschützt, volljährige Kinder in der Regel bis zum Ende ihrer Ausbildung.

Auch wenn Sie Ihre Haftpflichtversicherung schon einige Jahre haben – zum Beispiel, weil Sie den Vertrag mit Anfang oder Mitte 20 direkt nach Ausbildung oder Studium abgeschlossen haben –, lohnt es sich, dass Sie nach einem neuen Angebot schauen. Haben Sie seit mindestens fünf Jahren nichts an Ihrem Versicherungsschutz geändert, sollten Sie ihn an die heutige Zeit anpassen und zum Beispiel die Versicherungssumme erhöhen. Es kann gut sein, dass ein neuer, leistungsstarker Tarif sogar günstiger ist als Ihr bisheriger Tarif.

Wer kennt sich aus?

Um Ihnen die Tarifauswahl zu erleichtern, hat die Stiftung Warentest einen Grundschutz definiert, den die Angebote beinhalten sollten. Dazu gehört unter anderem, dass der Tarif eine Versicherungssumme von mindestens 10 Millionen Euro pauschal für Personen- und Sachschäden bieten sollte. Aktuelle Testergebnisse finden Sie unter www.test.de, Suchwort: Privathaftpflicht.

Für mehr Absicherung sorgen

Es gibt jedoch Situationen, in denen selbst die beste Privathaftpflichtversicherung nicht reicht und Sie zusätzlichen Haftpflichtschutz brauchen. Als Halter eines Fahrzeugs benötigen Sie die gesetzlich vorgeschriebene Kfz-Haftpflichtversicherung. Sie springt ein, wenn durch Ihr Fahrzeug jemand anders zu Schaden kommt. Für Schäden am eigenen Auto zahlt sie allerdings nicht, dafür benötigen Sie Kaskoschutz (siehe „Schutz für mein Hab und Gut", S. 151).

Haben Sie einen Hund, müssen Sie als Tierhalter in vielen Bundesländern mittlerweile Schutz in Form einer Tierhalter-Haftpflichtversicherung abschließen. Aktiv werden sollten Sie außerdem, wenn Sie Vermieterin werden oder bauen: Sprechen Sie mit Ihrem Versicherer, ob der Schutz der Privathaftpflichtversicherung ausreicht – etwa bei kleineren Umbaumaßnahmen am eigenen Haus oder wenn Sie eine kleine Einliegerwohnung vermieten. Wenn nicht, sollten Sie eine Bauherren-Haftpflicht- beziehungsweise eine Haus- und Grundbesitzerhaftpflichtversicherung abschließen.

Anspruch auf Rechtsberatung sichern

Ob Streit in der Nachbarschaft, am Arbeitsplatz oder mit dem Vermieter: Es kann immer Situationen geben, in denen es hilfreich ist, einen Rechtsanwalt um Hilfe zu bitten. Es bringt Sicherheit zu wissen, dass man sich mithilfe eines Anwalts gegen eine vermeintliche Ungerechtigkeit wehren kann, ohne dafür eigene hohe Kosten fürchten zu müssen. Um sich für solche Streitigkeiten zu wappnen, kann der Abschluss einer Rechtsschutzversicherung sinnvoll sein. Vor allem auf den Verkehrsrechtsschutz sollten alle, die aktiv am Straßenverkehr teilnehmen, nicht verzichten.

Beachten Sie aber, dass die Rechtsschutzversicherung kein Rundum-sorglos-Paket ist. Für bestimmte Streitfälle, etwa für Erbschaftsstreitigkeiten oder Scheidungen, wird der Versicherer keine Anwaltskosten übernehmen oder nur einen geringen Teil. Überlegen Sie sich deshalb gut, ob Sie das Geld für die Versicherung ausgeben wollen und für welche Lebensbereiche Sie den Schutz benötigen.

Renten- und Kapitallebensversicherungen waren über Jahre hinweg oft genutzte Verträge, um für die eigene finanzielle Absicherung im Alter zu sorgen. Heute haben diese Policen für die Vorsorge deutliche Schwächen, sodass ein Neuabschluss kaum noch zu empfehlen ist. Mehr unter „Vorsorgen ohne staatliche Förderung", S. 111.

Schutz für meine Angehörigen

Sie müssen nicht mehr nur für sich allein sorgen? Dann wird es Zeit, einige neue Verträge abzuschließen und manchen bestehenden Schutz aufzustocken.

Spätestens, wenn das erste Kind auf die Welt kommt, müssen Sie handeln. Denn sobald Sie auch für andere sorgen, brauchen Sie zusätzliche Sicherheit. Wichtig wird zum Beispiel eine Risikolebensversicherung für Sie und den zweiten Elternteil. So können Sie Ihren Nachwuchs oder auch Ihren Partner für den Fall finanziell absichern, dass Ihnen etwas zustößt.

Der zusätzliche Schutz ist unbedingt zu empfehlen, denn die Leistungen, die die gesetzliche Rentenversicherung Angehörigen bietet, sind zwar eine erste Hilfe, doch werden Sie allein kaum reichen, um den bisherigen Lebensstandard zu sichern (siehe „Schutz für Hinterbliebene", S. 101). Das sollten Sie auch bedenken, wenn Sie und Ihr Partner darüber nachdenken, wie er Sie für den Notfall absichern kann.

Beide Partner absichern

Je nach Familiensituation denken Sie nun vielleicht: Reicht es nicht, wenn mein Partner eine Versicherung hat? Er ist doch der Hauptverdiener bei uns.

Nein, das reicht nicht. Wenn Sie zum Beispiel als Mutter beruflich für die Familie kürzer treten, sollten auch Sie den privaten Versicherungsschutz haben. Denn sollte Ihnen etwas passieren, wird Ihr Partner vermutlich beruflich kürzertreten müssen, um die Kinderbetreuung selbst zu übernehmen. Oder er wird jemand für die Kinderbetreuung engagieren müssen. Für beide Varianten ist ein finanzielles Polster unbedingt sinnvoll. Für unverheiratete Paare ist der private Schutz noch viel wichtiger, wenn einer für den anderen oder für die gemeinsamen Kinder sorgt. Der jeweils hinterbliebene Partner hat ohne Trauschein keinerlei Ansprüche auf eine gesetzliche Witwen-/Witwerrente.

Für den Risikoschutz müssen Sie gar nicht allzu tief in die Tasche greifen. Ein Tarifvergleich der Stiftung Warentest hat 2017 gezeigt, dass ein 35-jähriger Verwaltungsfachangestellter einen Vertrag mit einer Versicherungssumme von 250 000 Euro und einer Laufzeit von 30 Jahren gegen einen Jahresbeitrag ab 210 Euro erhalten konnte. Die Versicherungssumme sollte in etwa das Drei- bis Fünffache des Jahresgehalts ausmachen. Das Geld kann im Ernstfall eine große Hilfe sein:

Beispiel: Wenn eine Witwe oder ein Witwer die 250 000 Euro aus der Versicherung auf

Noch wichtiger als sonst ist der Risikoschutz, solange Sie einen Immobilienkredit abbezahlen. Diesen Kredit können Sie mit einer normalen Risikolebensversicherung absichern. Oder Sie wählen eine Restschuldversicherung. Das Besondere an dieser Form der Lebensversicherung: Die Versicherungssumme fällt im Laufe der Zeit – parallel zur Entwicklung der Restschuld.

Dauer zu einem Zinssatz von zum Beispiel 1,5 Prozent anlegt, kann er immerhin 20 Jahre lang jeden Monat 1200 Euro von diesem Polster entnehmen, um davon die alltäglichen Ausgaben mit zu bestreiten.

→ Verbunde Leben

Wenn Sie sich als Paar gegenseitig absichern wollen, kann ein gemeinsamer Vertrag – eine „Verbundene Leben" interessant sein. Sie ist häufig günstiger als zwei Einzelverträge. Allerdings zahlt der Versicherer die Summe nur einmal aus – beim Tod der ersten versicherten Person.

Bestehenden Schutz aufstocken – neue Verträge abschließen

Sobald Sie für jemand anderen sorgen, sollten Sie sich weitere Verträge anschauen, die Sie abgeschlossen haben, als Sie „nur" an sich denken mussten: Ist beispielsweise die Rente, die Sie in der Berufsunfähigkeitsversicherung vereinbart haben, hoch genug? Wenn nicht, sollten Sie sie aufstocken. Dank der sogenannten Nachversicherungsgarantie ist das je nachdem, was in Ihren Versicherungsbedingungen steht, zum Beispiel nach der Geburt eines Kindes oder nach dem Erwerb einer Immobilie möglich, ohne dass Sie erneut Fragen zu Ihrem Gesundheitszustand beantworten müssen. Einige Versicherer erlauben auch eine Aufstockung ohne konkreten Anlass. Beachten Sie aber: Wenn Sie eine höhere Rente vereinbaren, müssen Sie mehr Beiträge zahlen.

Mit kleinen Kindern sollten Sie außerdem einen Blick in die Bedingungen für Ihre Privathaftpflichtversicherung werfen: Übernimmt der Versicherer Schäden durch deliktunfähige Kinder? Dieses Extra kann wertvoll sein, denn Kinder sind zwar über die Privathaftpflichtversicherung ihrer Eltern mitversichert, doch wenn kleine Kinder einen Schaden verursachen, muss der Haftpflichtversicherer nicht automatisch zahlen. Hintergrund: Kinder unter sieben Jahren sind per Gesetz nicht deliktfähig. Im Straßenverkehr gilt eine Altersgrenze von zehn Jahren. Damit haftet Ihr Nachwuchs bis zu dem Alter nicht für entstandene

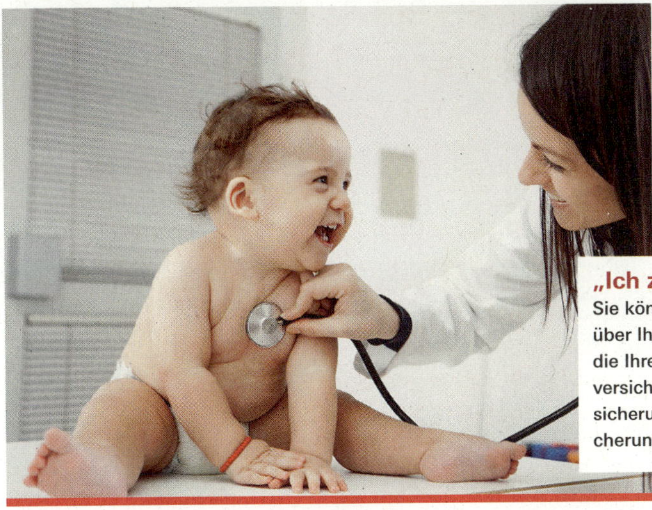

„Ich zahle nichts!“
Sie können Ihr Kind häufig beitragsfrei über Ihre eigene Krankenkasse oder die Ihres Partners gesetzlich krankenversichern. In der privaten Krankenversicherung ist diese beitragsfreie Absicherung nicht möglich.

Schäden. Als Eltern haften Sie in solchen Fällen nur, wenn Sie Ihre Aufsichtspflicht verletzt haben.

Ist den Eltern kein Vorwurf zu machen, muss die Haftpflichtversicherung der Familie nicht für den Schaden aufkommen, wenn beispielsweise der vierjährige Sohn bei seinen Testfahrten mit dem neuen Fahrrad das Auto der Nachbarn rammt.

Die Folge: Entweder bleiben die Nachbarn auf den Kosten für die Autoreparatur sitzen, oder Sie als Eltern übernehmen sie, weil sie ein ungutes Gefühl haben und keinen Streit wollen. Der Ausweg: Ihr Haftpflichtvertrag schließt als Extraleistung „Schäden durch deliktunfähige Kinder“ mit ein. Dann springt der Versicherer zumindest bis zu einer bestimmten, vertraglich vereinbarten Grenze ein.

Krankenversicherung für den Nachwuchs

Den bestehenden Schutz aufstocken, ist die eine Aufgabe. Hinzu kommt, neue Verträge für den Nachwuchs abzuschließen. Gesetzliche Pflicht ist auf jeden Fall die Krankenversicherung für Sohn oder Tochter – entweder in einer gesetzlichen Krankenkasse oder bei einem privaten Versicherer.

Die meisten Kinder sind gesetzlich krankenversichert – und für ihren Schutz wird sehr häufig kein Beitrag fällig. Möglich macht es die beitragsfreie Familienversicherung: Diese kommt für den Nachwuchs auf jeden Fall infrage, wenn beide Elternteile gesetzlich krankenversichert sind.

Ist nur ein Elternteil gesetzlich versichert, der andere privat, kommt es auf das Einkommen des Privatversicherten an: Verdient etwa der privat versicherte Ehemann mehr als die gesetzlich versicherte Ehefrau, liegt sein Einkommen aber unter der Versicherungspflichtgrenze von 59 400 Euro im Jahr, ist die beitragsfreie Familienversicherung möglich. Ist es höher, scheidet sie aus: **Beispiel:** Alexandra ist mit Tobias verheiratet. Sie ist mit einem Jahreseinkommen von 38 000 Euro gesetzlich krankenversichert, er hat sich für die private Krankenversicherung entschieden, nachdem er in einem neuen Job 60 000 Euro Jahresgehalt erzielt. Damit liegt er über der Versicherungspflichtgrenze und das Paar kann die achtjährige Tochter Frieda nicht mehr beitragsfrei über die Krankenkasse der Mutter versichern. Die Eltern haben nun die Wahl, ihre Tochter entweder freiwillig gesetzlich zu versichern oder eine private Krankenversicherung für sie abzuschließen.

Der Krankenversicherungsschutz kostet je nach Beitragssatz der gesetzlichen Kasse etwa 150 Euro Monatsbeitrag. Für eine private Krankenversicherung fallen je nach Vertrag ohne Beihilfe ebenfalls Monatsbeiträge von etwa 150 Euro an.

Sollte das Einkommen des Vaters irgendwann wieder unter die Versicherungspflichtgrenze rutschen, ist für die Tochter die beitragsfreie Familienversicherung in einer gesetzlichen Kasse wieder möglich.

Das ist sie – unabhängig vom Einkommen der Eltern – auch, wenn die Eltern nicht verheiratet sind und mindestens ein Elternteil gesetzlich versichert ist.

Voraussetzung ist aber in jedem Fall, dass das Kind kein Einkommen über 435 Euro monatlich hat. Diese Grenze ändert sich von Jahr zu Jahr.

Sind beide Eltern privat krankenversichert, scheidet die beitragsfreie Familienversicherung in einer gesetzlichen Kasse aus. Sind Eltern privat versichert und haben als Beamte Anspruch auf Beihilfe ihres Dienstherren, können sie auch für die Gesundheitsleistungen ihrer Kinder Beihilfeleistungen bekommen, solange sie Kindergeld für den Nachwuchs erhalten.

Weiterer Schutz für die Kinder

Für Ihren Nachwuchs ist weiterer Schutz sinnvoll, etwa Invaliditätsschutz, denn über die gesetzliche Unfallversicherung haben Kinder nur Schutz im Kindergarten oder in der Schule und auf dem direkten Weg dorthin. Bei Unfällen in der Freizeit oder zu Hause greift der Schutz allerdings nicht. Deshalb kann eine Kinderunfallversicherung eine sinnvolle Ergänzung sein. Eine solche Police ist ab etwa 100 Euro Jahresbeitrag zu bekommen. Sie schützt aber im Grunde nur dann, wenn ein Unfall bei Ihrem Kind zu einer dauerhaften Invalidität geführt hat.

→ Eigenen Vertrag prüfen

Gut möglich, dass Ihre eigene Unfallversicherung einen Unfallschutz für Kinder beinhaltet, zum Beispiel während des ersten Lebensjahres. Dann können Sie sich den Extraschutz fürs Kind zumindest vorerst sparen.

Teurer als die Kinderunfallversicherung, aber deutlich umfangreicher ist der Schutz einer Kinderinvaliditätsversicherung. Hier sind auch größere krankheitsbedingte Invaliditäten Ihres Kindes mitversichert. Aus diesem Vertrag können Sie je nach Angebot eine Einmalzahlung, eine Rente oder eine Mischung aus beidem erhalten, falls ihr Kind aufgrund einer Erkrankung oder eines Unfalls auf Dauer eingeschränkt sein wird. Hier sollten Sie allerdings mit Jahresbeiträgen von einigen Hundert Euro rechnen.

Hier bin ich zu Hause!
Unterschätzen Sie nicht die Werte, die sich im Laufe der Jahre in Ihrer Wohnung ansammeln. Je wertvoller die Einrichtung wird, desto sinnvoller wird eine Hausratversicherung.

Schutz für Hab und Gut

Haus, Möbel, Auto: Je mehr zusammenkommt, desto wichtiger wird es, auch das Eigentum zu schützen. Manche Versicherungen sind allerdings überflüssig.

Wenn Sie Halterin eines Kraftfahrzeugs sind, ist die Kfz-Haftpflichtversicherung für Sie gesetzlich vorgeschrieben. Der Haftpflichtversicherer springt ein für Personen-, Sach- und Vermögensschäden, die Sie jemand anders zufügen.

Weiteren Schutz rund ums Auto können Sie freiwillig abschließen. Entscheiden Sie sich für eine Teilkaskoversicherung, zahlt der Versicherer zum Beispiel für Schäden am eigenen Wagen durch Brand, Explosion oder nach Wildunfällen. Auch Diebstahlsschutz haben Sie über die Teilkasko.

Gerade wenn Sie ein neues oder noch sehr junges Fahrzeug haben, empfiehlt sich aber die Vollkaskoversicherung. Dann haben Sie neben den genannten Teilkaskoleistungen weiteren Schutz: Der Versicherer kommt unter anderem für Schäden am eigenen Auto durch Vandalismus und nach einem selbst verschuldeten Unfall auf.

Mein Zuhause

Und was ist, wenn in der eigenen Wohnung etwas schiefgeht, etwa der Waschmaschinenschlauch platzt oder eingebrochen wird? Dadurch entstandene Schäden sind ein Fall für die Hausratversicherung. Verglichen mit der Kranken- oder der Haftpflichtversicherung steht die Hausratversicherung etwas weiter hinten auf der Bedarfsliste. Sie springt ein, wenn ein Feuer, Blitzschlag, Leitungswasser, eine Explosion, Sturm oder Hagel den versicherten Hausrat beschädigen oder zerstören. Außerdem ersetzt sie die Kosten für die Wiederbeschaffung von

Gegenständen nach einem Raub oder Einbruchdiebstahl.

Sie benötigen eine Hausratversicherung, wenn Sie den Verlust Ihrer Einrichtung finanziell nicht verkraften können. Solange die Einrichtung noch nicht den großen Wert hat – etwa während Ausbildung oder Studium –, können Sie sich den Schutz häufig noch sparen. Im Laufe der Jahre wird er aber meist sinnvoll.

Wenn Sie eine Hausratversicherung neu abschließen oder bereits haben, überprüfen Sie in den folgenden Jahren regelmäßig, ob die Versicherungssumme noch zum Wert Ihres Hausrats passt. Was Sie dabei womöglich übersehen: Es zählt der Neuwert der jeweiligen Einrichtungsstücke. Ist die Versicherungssumme zu niedrig, riskieren Sie, dass Sie einen Schaden nicht komplett erstattet bekommen und dass der Versicherer nur anteilig zahlt. Auf der Seite www.test.de/hausratliste finden Sie eine Wertermittlungsliste, die Ihnen bei der Rechnung hilft.

Als Alternative bieten die Hausratversicherer in der Regel einen sogenannten Unterversicherungsverzicht an. Dann wird jeder Quadratmeter Wohnraum pauschal mit einer bestimmten Summe versichert.

Am besten fragen Sie die Beiträge für beide Alternativen ab. Entscheiden Sie dann, was für Sie geeigneter ist.

Wer kennt sich aus?

Die Stiftung Warentest überprüft die einzelnen Versicherungsarten in regelmäßigen Abständen. Auf der Internetseite www.test.de finden Sie die jeweils aktuellsten Ergebnisse. Ein Blick darauf lohnt sich auch dann, wenn Sie bereits die wichtigsten Verträge haben: Gut möglich, dass es mittlerweile günstigere Angebote gibt oder solche mit verbraucherfreundlicheren Vertragsbedingungen.

Unser Eigenheim

Sobald Sie in das eigene Haus ziehen, benötigen Sie dringend zusätzlichen Schutz: Mit einer Wohngebäudeversicherung wappnen Sie sich für den Fall, dass Ihr Eigenheim durch Feuer, Leitungswasser, Sturm oder Hagel beschädigt oder sogar komplett zerstört wird. Möglich wäre, sich nur gegen einzelne dieser Risiken zu schützen, doch in der Regel bietet es sich an, den Dreifachschutz zu wählen. Vor allem die Schäden durch ein Feuer können die Existenz gefährden.

Solange Sie das Haus noch per Kredit finanzieren, verlangen die Gläubiger die Versicherung sowieso. Und auch danach, wenn alle Schulden längst getilgt sind, sollten Sie auf diesen Versicherungsschutz auf keinen Fall verzichten. Zwischen den Angeboten der Versicherer liegen zum Teil deutliche

Beitragsunterschiede. Die Höhe der Beiträge hängt aber nicht nur vom Anbieter, sondern auch vom Wert des Hauses und von dessen Lage ab. Achten Sie darauf, dass die Versicherungssumme hoch genug ist. Um sicherzugehen, dass Sie das Haus tatsächlich hoch genug versichern, lassen Sie den Wert der Immobilie am besten durch das Versicherungsunternehmen ermitteln. So können Sie verhindern, dass Sie unterversichert sind. Sonst kann es Ihnen passieren, dass der Versicherer Ihnen im Ernstfall nicht den kompletten Schaden erstattet.

Einige Leistungen wie den finanziellen Ersatz für den Wiederaufbau nach einem Brand bieten alle Wohngebäudeversicherer, wenn Sie den Feuerschutz vereinbart haben. Doch es kann sich lohnen, einen Vertrag zu wählen, der weitere Leistungen beinhaltet. Dazu gehört zum Beispiel, dass der Versicherer Kosten für den Abtransport von Schutt und den Resten eines zerstörten Hauses bis mindestens 50000 Euro übernimmt. Sinnvoll ist es zudem, wenn er für Überspannungsschäden aufkommt, und Schäden komplett übernimmt, die der Kunde grob fahrlässig verursacht hat.

Mit der Wohngebäudeversicherung haben Sie jedoch nicht automatischen Schutz gegen Elementarschäden etwa durch eine Überschwemmung. Diesen Schutz müssen Sie zusätzlich vereinbaren, wenn Sie etwa Schäden am Haus erstattet haben wollen, nachdem der nahe gelegene Fluss über die Ufer getreten ist.

Es gibt allerdings einen Haken: Hausbesitzer, die etwa aufgrund eines Flusses in der Nähe in „riskanten" Gebieten leben und häufig mit Hochwassern rechnen müssen, bekommen oftmals gar nicht den gewünschten Schutz vor Naturereignissen oder müssen besonders viel dafür zahlen.

Manche Verträge meist nicht nötig

Das Beispiel Wohngebäudeversicherung für Immobilienbesitzer zeigt: Auf bestimmte Versicherungen sollten Sie nicht verzichten, um im Ernstfall finanziell auf der sicheren Seite zu stehen. Es gibt aber andere Versicherungen, die Sie sich häufig sparen können, zum Beispiel weil sie nur ein kleineres Risiko abdecken oder ein Risiko, das bereits anderweitig abgesichert ist oder anderweitig besser abgesichert werden kann.

So zählen beispielsweise Handy- oder Brillenversicherungen zu den Verträgen, auf die Sie eher verzichten können. Überlegen Sie vor Abschluss, ob Sie tatsächlich Beiträge dafür zahlen wollen, oder ob es nicht für Sie günstiger ist, separat etwas Geld zu sparen, auf das Sie zur Not zugreifen können.

Auch das Geld für eine Reisegepäckversicherung können Sie sich häufig sparen, unter anderem, weil Sie einen gewissen Diebstahlsschutz für Ihr Gepäck haben, wenn Sie eine Hausratversicherung abgeschlossen haben. Zum Teil ist Ihr Gepäck auch über den Reiseveranstalter geschützt. Eine zusätzliche Police könnte aber für Schiffs- oder Busreisen hilfreich sein.

Hilfe

Fachbegriffe erklärt

Aktie: Eine Aktie ist ein Anteilsschein, mit dem Sie einen Bruchteil eines Unternehmens kaufen. Dadurch werden Sie Miteigentümerin einer Aktiengesellschaft (AG) und sind an deren Erfolg oder Misserfolg beteiligt. Feste Erträge bietet diese Geldanlage nicht. Sie profitieren nur dann, wenn es dem Unternehmen gut geht und die Aktie dadurch an Wert gewinnt.

Aktienfonds: Ein Gemeinschaftsvermögen, das aus vielen verschiedenen Aktien besteht. Es gibt Aktienfonds, bei denen ein Fondsmanagement die Aktien zusammenstellt („aktiv gemanagte Fonds), und ETF („Exchange Traded Funds"), die einen Aktienindex nachbilden. Wenn Sie Anteile an einem Aktienfonds erwerben, beteiligen Sie sich an mehreren Unternehmen. Je nach Lage an den Börsen gewinnen oder verlieren Ihre Fondsanteile an Wert.

Anleihe: Ein Wertpapier, das regelmäßig Zinsen bringt. Sie wird auch Schuldverschreibung, Rentenpapier, Obligation oder Bond genannt. Im Grunde ist sie eine Art Schuldschein eines Unternehmens oder eines Staates, dem Sie mit Ihrem Kauf der Anleihe Geld leihen. Im Gegenzug kommt der Verkäufer dadurch langfristig an Fremdkapital. Anleihen haben anders als Aktien eine feste Laufzeit. Am Ende dieser Laufzeit bekommen Sie als Käufer der Anleihe Ihr Geld plus Zinsen zurück.

Berücksichtigungszeit: Sie soll Nachteile in der Rentenversicherung ausgleichen, die durch fehlende oder niedrige Beiträge entstehen, etwa weil die Versicherte Kinder erzogen hat. Die Berücksichtigungszeit wirkt sich bei der Wartezeit aus und kann sich bei der Rentenhöhe positiv bemerkbar machen.

Bezugsberechtigter: Die Person, die beispielsweise bei einer Risikolebensversicherung bestimmt wurde, die Todesfallleistung zu beziehen.

Börsenindex: Er bildet die Entwicklung eines Wertpapiermarktes ab. Am bekanntesten sind Aktienindizes, in Deutschland zum Beispiel der Dax. In den Indexstand fließen die Kursentwicklung aller im Index enthaltenen Aktien ein, allerdings mit unterschiedlicher Gewichtung. Neben Aktienindizes gibt es zum Beispiel auch Anleihen- oder Rohstoffindizes.

Depot: Wertpapiere wie Aktien, Anleihen und Fonds werden in einem Depot verwahrt. Es stellt eine Art Konto dar, auf dem Zu- und Abgänge verbucht werden. Die Depotstelle – eine Bank oder Fondsgesellschaft – kümmert sich darum, dass Geld aus Verkäufen oder Ausschüttungen dem Girokonto gutgeschrieben oder wieder angelegt wird.

Durchschnittseinkommen: Einkommen, das Versicherte in der gesetzlichen Rentenversicherung in Deutschland im Durchschnitt eines Jahres verdienen. 2018 liegt das voraussichtliche Durchschnittseinkommen bei 37 873 Euro. Dieser Wert kann sich im Nachhinein aber noch ändern.

Entgeltpunkt: Entscheidend für die Höhe einer Rente aus der gesetzlichen Rentenversicherung ist, wie viele Entgeltpunkte ein Versicherter im Lauf seines Arbeitslebens erworben hat, denn jeder Punkt wird mit dem sogenannten aktuellen Rentenwert multipliziert und hat damit einen finanziellen Gegenwert. Für Erwerbstätige gilt: Sie sammeln pro Jahr eine bestimmte Punktzahl je nach der Höhe ihres Einkommens und der dementsprechend gezahlten Beiträge an die Rentenkasse.

Isin: Das Kürzel steht für „International Securities Identification Number". Es handelt sich um eine zwölfstellige Nummer, mit der jedes Wertpapier und jeder Investmentfonds eindeutig gekennzeichnet sind.

Kindererziehungszeiten: Sie sollen Nachteile in der Rentenversicherung ausgleichen, die durch fehlende oder niedrige Beiträge aufgrund von Kindererziehung entstanden sind. Diese Zeiten wirken sich sowohl bei der Wartezeit für eine Rente als auch bei der Rentenhöhe aus.

Nachversicherungsgarantie: Ein Versicherungskunde hat zum Beispiel in der Berufsunfähigkeitsversicherung die Möglichkeit, die vereinbarte Rente zu bestimmten Anlässen, etwa bei Geburt eines Kindes, ohne erneute Gesundheitsprüfung aufzustocken.

Rentenwert: Der aktuelle Rentenwert wird regelmäßig neu festgelegt und gibt an, wie viel jeder Entgeltpunkt auf dem Rentenkonto wert ist. Seit Mitte Juli 2017 bis zum 30. Juni 2018 beträgt der Rentenwert 31,03 Euro in den westlichen und 29,69 Euro in den östlichen Bundesländern.

Risikoprüfung: Ein Versicherungsunternehmen will vor Vertragsabschluss wissen, wie hoch das Risiko ist, dass tatsächlich ein Versicherungsfall eintritt. Deshalb fragt es zum Beispiel vor Abschluss einer Risikolebensversicherung, ob der Kunde raucht. Den Antragstellern ist unbedingt zu empfehlen, die Fragen möglichst genau zu beantworten. Stellt sich im Schadensfall heraus, dass er falsche Angaben gemacht hat, zahlt der Versicherer womöglich nicht. Bei absichtlichen Falschangaben kann der Versicherer vom Vertrag zurücktreten, unter Umständen muss der Kunde die bis dahin erhaltenen Leistungen zurückerstatten.

Splittingtarif: Das ist der Steuertarif, von dem viele Ehepaare ab dem Jahr der Heirat profitieren. Dabei gilt: Je größer der Unterschied bei den Einkommen beider Partner ist, desto größer der Steuervorteil durch den Splittingtarif. Den Splittingtarif wendet das Finanzamt an, wenn Ehepartner eine gemeinsame Steuererklärung einreichen und auf dem Mantelbogen die Zusammenveranlagung ankreuzen.

Unterhaltsvorschuss: Alleinerziehende, die für ihr Kind oder ihre Kinder keinen oder nicht regelmäßig Unterhalt vom anderen Elternteil erhalten, können einen Unterhaltsvorschuss verlangen – in der Regel beantragen sie ihn beim Jugendamt.

Versorgungsausgleich: Er findet statt, wenn eine Ehe geschieden wird. Mithilfe des Versorgungsausgleichs sollen Rentenansprüche, die während der Ehe erworben wurden, gleichmäßig auf die beiden Expartner verteilt werden.

Wartezeit: Ein Begriff sowohl aus den gesetzlichen Sozialversicherungen als auch bei privaten Versicherungen. Anspruch auf eine Rente aus der gesetzlichen Rentenversicherung hat nur, wer eine bestimmte Zeit versichert war. Diese Mindestversicherungszeit wird als Wartezeit bezeichnet. Sie ist für die einzelnen Rentenarten unterschiedlich und beträgt zum Beispiel für die Regelaltersrente fünf Jahre. Für private Versicherungen gilt: Bei bestimmten Verträgen kommt der Versicherer nicht gleich nach der Unterschrift für Schäden auf, sondern zahlt erst für Schäden nach Ablauf der vertraglich festgelegten Wartezeit.

Stichwortverzeichnis

G

H

I

K

L

M

N

O

P

R

Die Autorin: Isabell Pohlmann arbeitet freiberuflich als Journalistin für Finanz- und Verbraucherthemen. Für die Stiftung Warentest hat sie bereits mehrere Bücher geschrieben.

Die Stiftung Warentest wurde 1964 auf Beschluss des Deutschen Bundestages gegründet, um dem Verbraucher durch vergleichende Tests von Waren und Dienstleistungen eine unabhängige und objektive Unterstützung zu bieten.

Wir kaufen – anonym im Handel, nehmen Dienstleistungen verdeckt in Anspruch.

Wir testen – mit wissenschaftlichen Methoden in unabhängigen Instituten nach unseren Vorgaben.

Wir bewerten – von sehr gut bis mangelhaft, ausschließlich auf Basis der objektivierten Untersuchungsergebnisse.

Wir veröffentlichen – anzeigenfrei in unseren Büchern, den Zeitschriften test und Finanztest und im Internet unter www.test.de

BLAUER ENGEL
DAS UMWELTZEICHEN
RG 4
Dieses Druckprodukt wurde mit dem Blauen Engel ausgezeichnet.
www.blauer-engel.de/uz195

Dieses Buch erfüllt die Anforderungen des **„Blauen Engels“** für Druckerzeugnisse. Das bedeutet unter anderem: Es wurde auf 100% Recyclingpapier mit mineralölfreien, schadstoffarmen Farben gedruckt, und im Vergleich zu gängigen Druckprozessen entstanden beim Druck dieses Buches besonders wenige Emissionen und Papierabfälle. Gedruckt wurde es in Deutschland, um den CO_2-Ausstoß gering zu halten.

Stiftung Warentest
Lützowplatz 11–13
10785 Berlin
Telefon 0 30/26 31–0
Fax 0 30/26 31–25 25
www.test.de
email@stiftung-warentest.de
USt-IdNr.: DE136725570
Vorstand: Hubertus Primus
Weitere Mitglieder der Geschäftsleitung: Dr. Holger Brackemann, Daniel Gläser

Projektleitung: Ursula Rieth, Heike Plank
Korrektorat: Hartmut Schönfuß
Fachliche Beratung: Dr. Undine Krebs, Stefanie Kühn, Dr. Nathalie Oberthür sowie Sabine Baierl-Johna, Karin Baur, Beate Bextermöller, Uwe Döhler, Anja Hardenberg, Katharina Henrich, Sophie Mecchia, Michael Nischalke, Theo Pischke, Jörg Sahr, Michael Sittig, Ulrike Steckkönig, Simone Weidner, Eugénie Zobel-Kowalski.
Titelentwurf: Josephine Rank, Berlin
Layout: Büro Brendel, Berlin
Grafik, Satz, Illustrationen, Bildredaktion: Anne-Katrin Körbi
Bildnachweis: Plainpicture, Rainer Berg (Titel); Innen: Gettyimages: S. 12 JGI/Jamie Grill; S. 40 Georgijevic; S. 74, U4 Paul Bradbury; S. 92 Westend61; S. 116 Adam Hester. Thinkstockphoto: S. 20 ajr_images; 22 creatas; 24, 111, U4 waverbreakmedia; 26 monkey business; 28 Andrew Olney; 30 m-imagephotography; 32 altrendo images; 34 bowdenimages; 36 Highwaystarz-Photography; 38 Digital Vision; 47 petrenkod; 67 Dangubic; 85 Marili Forastieri; 99 Jupiterimages; 105 bowdenimages; 125 imtmphoto; 134 Massonstock; 142 moodboard; 149 Dangubic; 151 FogStock. Plainpucture: S 58 Elektrons 08.
Produktion: Vera Göring
Verlagsherstellung: Rita Brosius (Ltg.), Susanne Beeh
Litho: bildpunkt Druckvorstufen GmbH, Berlin
Druck: Bonifatius GmbH, Paderborn

ISBN: 978-3-86851-292-2